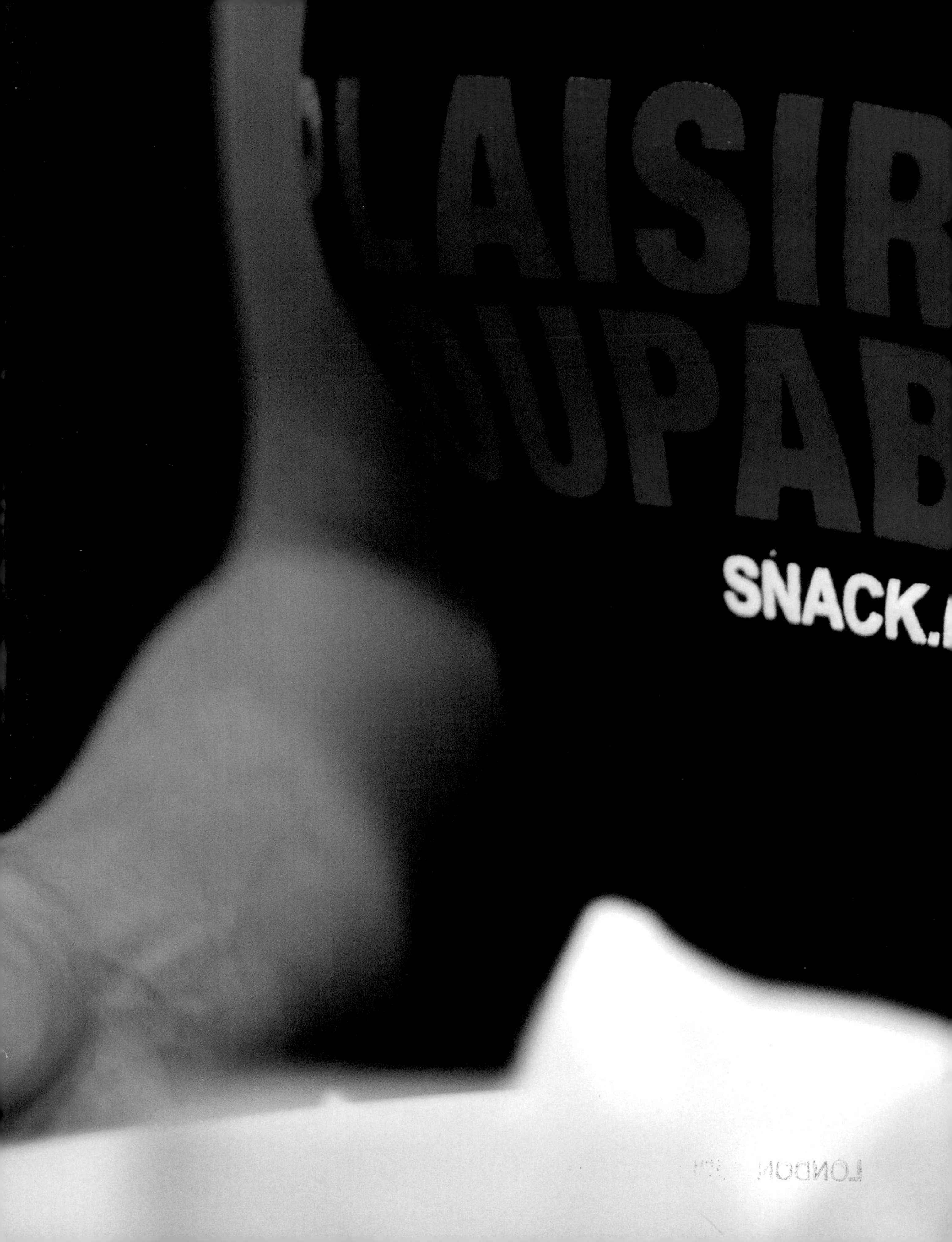
LAISIR
UPAB
SNACK.

S
LES

AR.URBAIN

Design graphique : Ann-Sophie Caouette
Mise en page : Nicole Lafond
Photos : Benoît Desjardins
Création des recettes : Jean-François Plante, Mélanie Marchand
Stylisme culinaire : Mélanie Marchand, Ali David Caro Garcia
Stylisme des accessoires : Jean-François Plante
Infographie : Johanne Lemay
Traitement des images : Mélanie Sabourin

Catalogage avant publication de Bibliothèque
et Archives nationales du Québec et Bibliothèque
et Archives Canada

Plante, Jean-François

    Plaisirs coupables

    Comprend un index.

    ISBN 978-2-7619-2935-6

    1. Cuisine. I. Titre.

TX714.P52 2010   641.5'14   C2010-941960-X

Suivez les Éditions de l'Homme sur le Web

Consultez notre site Internet et inscrivez-vous à l'infolettre
pour rester informé en tout temps de nos publications et
de nos concours en ligne. Et croisez aussi vos auteurs préférés
et l'équipe des Éditions de l'Homme sur nos blogues !

www.editions-homme.com

DISTRIBUTEURS EXCLUSIFS :

Pour le Canada et les États-Unis :
MESSAGERIES ADP*
2315, rue de la Province
Longueuil, Québec J4G 1G4
Téléphone : 450 640-1237
Télécopieur : 450 674-6237
Internet : www.messageries-adp.com
* filiale du Groupe Sogides inc.,
    filiale du Groupe Livre Quebecor Media inc.

Pour la France et les autres pays :
INTERFORUM editis
Immeuble Paryseine, 3, Allée de la Seine
94854 Ivry CEDEX
Téléphone : 33 (0) 1 49 59 11 56/91
Télécopieur : 33 (0) 1 49 59 11 33
Service commandes France Métropolitaine
Téléphone : 33 (0) 2 38 32 71 00
Télécopieur : 33 (0) 2 38 32 71 28
Internet : www.interforum.fr
Service commandes Export – DOM-TOM
Télécopieur : 33 (0) 2 38 32 78 86
Internet : www.interforum.fr
Courriel : cdes-export@interforum.fr

Pour la Suisse :
INTERFORUM editis SUISSE
Case postale 69 – CH 1701 Fribourg – Suisse
Téléphone : 41 (0) 26 460 80 60
Télécopieur : 41 (0) 26 460 80 68
Internet : www.interforumsuisse.ch
Courriel : office@interforumsuisse.ch
Distributeur : OLF S.A.
ZI. 3, Corminboeuf
Case postale 1061 – CH 1701 Fribourg – Suisse
Commandes :
Téléphone : 41 (0) 26 467 53 33
Télécopieur : 41 (0) 26 467 54 66
Internet : www.olf.ch
Courriel : information@olf.ch

Pour la Belgique et le Luxembourg :
INTERFORUM BENELUX S.A.
Fond Jean-Pâques, 6
B-1348 Louvain-La-Neuve
Téléphone : 32 (0) 10 42 03 20
Télécopieur : 32 (0) 10 41 20 24
Internet : www.interforum.be
Courriel : info@interforum.be

Les bistros *L'Aromate*
sont situés au :
980, boul. de Maisonneuve Ouest
Montréal (Québec) H3A 1M5
514-847-9005

Centropolis (Laval)
2981, boulevard St-Martin Ouest
Laval (Québec) H7T 2Y8
450-686-9005

www.laromate.com

Plaisirs coupables
snack.bar.urbain
1410, rue Peel
Montréal (Québec) H3A 1S8
514-507-5689

Là ! grill-lounge
135, boul. Labelle
Rosemère (Québec) J7A 2G9
450-818-2701

10-10

© 2010, Les Éditions de l'Homme,
division du Groupe Sogides inc.,
filiale du Groupe Livre Quebecor Media inc.
(Montréal, Québec)

Tous droits réservés

Dépôt légal : 2010
Bibliothèque et Archives nationales du Québec

ISBN 978-2-7619-2935-6

Gouvernement du Québec – Programme de crédit d'impôt
pour l'édition de livres – Gestion SODEC – www.sodec.gouv.qc.ca

L'Éditeur bénéficie du soutien de la Société de développement des
entreprises culturelles du Québec pour son programme d'édition.

 Conseil des Arts   Canada Council
du Canada   for the Arts

Nous remercions le Conseil des Arts du Canada de l'aide accordée
à notre programme de publication.

Nous reconnaissons l'aide financière du gouvernement du Canada
par l'entremise du Programme d'aide au développement de
l'industrie de l'édition (PADIÉ) pour nos activités d'édition.

JEAN-FRANÇOIS PLANTE

PLAISIRS COUPABLES

RECETTES COCHONNES ET GOURMANDES

LES ÉDITIONS DE L'HOMME

INTRODUCTION

Ce livre, je l'ai en tête depuis très longtemps. Et les recettes qu'il contient, je les ai gardées précieusement en bouche depuis mon enfance. Chacune d'elles occupe une place privilégiée dans mes souvenirs. Elles me chatouillent les papilles, attisent mon appétit et me transportent inévitablement au cœur d'une douce et réconfortante nostalgie.

Si elles me sont si chères, c'est qu'elles parlent de la cuisine de ma mère et de celle de ma grand-mère. De celle des vôtres aussi, fort probablement. Elles évoquent également l'odeur de la cuisine qu'on servait et qu'on sert toujours dans les snack-bars et les cantines à travers la province. Une cuisine de tous les jours, indémodable, simple et goûteuse que j'ai eu envie de revisiter. Une cuisine à laquelle, inspiré par les tendances du moment, j'ai ajouté ma touche personnelle en intégrant parfois des ingrédients qui lui sont au départ étrangers.

Gorgé de recettes cochonnes, de plats costauds, de sauces riches et de desserts décadents, ce livre se situe à des lieues de la rectitude diététique. Et les plats que je vous ai concoctés ont pour but assumé de provoquer de nombreux dérapages gourmands. Ces plats, je les ai créés à l'image de ceux dans lesquels je me vautrais sans retenue lorsque j'étais enfant. Et je vous invite à y succomber avec la même désinvolture qu'à l'époque où les partisans du puritanisme nutritionnel n'avaient pas encore condamné chacun de vos petits et grands péchés culinaires.

En élaborant ces recettes, j'ai voulu rendre hommage à une cuisine qui va droit au goût et qui gravite librement autour du plaisir. Tout simplement. Alors oubliez les bonnes manières et au diable la culpabilité! Laissez ressurgir le glouton qui sommeille en vous! Après tout, c'est les doigts collés, la bouche bordée de sauce et les papilles saturées que je vous imagine dévorer mes plats.

PETITS DÉRAPAGES GOURMANDS

Les bouchées

TEMPS DE PRÉPARATION
30 minutes
TEMPS DE CUISSON
4 à 5 minutes
COÛT
faible
RENDEMENT
48 raviolis

RAVIOLIS FRITS DE POULET AU CARI ROUGE, SAUCE COCO-ARACHIDE

INGRÉDIENTS

48 pâtes à raviolis ou à won-ton rondes

Huile végétale pour la friture

GARNITURE AU POULET ET AU CARI ROUGE

480 g (1 lb) de poitrines de poulet, désossées et coupées en cubes

2 c. à soupe d'échalotes, hachées très finement

2 c. à soupe de gingembre, en purée

1 c. à soupe de pâte de cari rouge relevée

1 c. à soupe de basilic frais, haché

1 c. à soupe de coriandre fraîche, hachée

1 c. à soupe de ciboulette fraîche, hachée

Sel et poivre, au goût

SAUCE COCO-ARACHIDE

5 c. à soupe de beurre d'arachide crémeux

1 c. à soupe de pâte de sambal oelek (pâte de piment)

1 c. à soupe de jus de citron vert

1 boîte de 365 ml (13 oz) de lait de coco

PRÉPARATION

1 Hacher tous les ingrédients qui composent la garniture à l'aide du robot culinaire afin d'obtenir une pâte homogène. Vérifier l'assaisonnement en mettant une petite boulette de la garniture dans un bol avec un peu d'eau. Mettre au micro-ondes de 1 à 2 minutes. Laisser refroidir, goûter, puis rectifier l'assaisonnement au besoin.

2 Avant d'ouvrir le sac de pâtes, tordre délicatement les feuilles de pâte afin de les décoller les unes des autres.

3 Étaler de 4 à 6 feuilles de pâte sur le comptoir sec (couvrir les autres pâtes afin qu'elles ne sèchent pas).

4 Mettre environ 1 c. à soupe de garniture au centre de chaque pâte. (Ajuster la quantité afin d'éviter les débordements.)

5 À l'aide d'un petit pinceau, mouiller les bords de chaque pâte. Plier une pâte en deux afin de former une demi-lune. Si désiré, à l'aide d'une fourchette, écraser légèrement les bords afin de bien refermer le ravioli. Procéder de la même façon pour toutes les pâtes. Réserver les raviolis qui sont prêts au froid.

6 Cuire à grande friture à 180 °C (350 °F) de 2 à 3 minutes. Bien égoutter et servir chaud avec la sauce.

SAUCE COCO-ARACHIDE

1 Dans un bol, à l'aide d'un fouet ou d'un batteur, incorporer le sambal oelek et le jus de citron vert au beurre d'arachide. Ajouter graduellement le lait de coco en fouettant vigoureusement. Rectifier l'assaisonnement au besoin et réserver au froid.

TEMPS DE PRÉPARATION
20 minutes
MARINAGE
12 à 24 heures
TEMPS DE CUISSON
45 à 60 minutes
PORTIONS
4

AILES DE POULET À L'ABRICOT, AU RHUM ET À LA MANDARINE

INGRÉDIENTS

24 ailes de poulet, coupées en deux

200 g (1 ¼ tasse) d'abricots en conserve, égouttés

200 g (¾ tasse) de mandarines en conserve, égouttées

250 ml (1 tasse) de sauce barbecue

200 g (1 tasse) de confiture d'abricot

4 c. à soupe de rhum

1 branche de romarin

Fleur de sel et poivre du moulin, au goût

PRÉPARATION

1 La veille, dans une casserole d'eau bouillante, blanchir les ailes de poulet de 3 à 5 minutes. Égoutter, éponger et réserver. À l'aide du robot de cuisine, pulser les abricots et les mandarines. Verser dans un bol et chauffer de 1 à 2 minutes au micro-ondes pour rendre plus liquide.

2 Dans un grand plat à mariner, mélanger la purée de fruits, la sauce barbecue, la confiture, le rhum, le romarin et les assaisonnements. Réserver 125 ml (½ tasse) de cette marinade dans un bol pour glacer les ailes pendant la cuisson du lendemain.

3 Mettre les ailes de poulet blanchies dans le plat à mariner et laisser mariner de 12 à 24 heures.

4 Préchauffer le four à 200 °C (400 °F).

5 Tapisser une plaque à biscuits de papier parchemin. Étaler les ailes de poulet sur une seule couche. Cuire au four 10 minutes.

6 Badigeonner avec un peu de la marinade réservée et remettre au four. Sortir la plaque du four, retourner les ailes et rajouter de la marinade. Poursuivre ainsi pendant le reste de la cuisson. (Temps de cuisson total : environ 45 minutes.) Sortir les ailes du four dès qu'elles sont bien dorées et servir immédiatement.

C'est vrai que ça colle les doigts, que c'est un peu gras, que la chair autour des os n'est pas très abondante, mais diable que les ailes sont craquantes ! Marinées au rhum et à la confiture d'abricot, elles sont plus irrésistibles que jamais ! Grrrrrrr !

TEMPS DE PRÉPARATION
20 minutes

TEMPS DE CUISSON
1 heure

PORTIONS
4

SAUCE TOMATE-BASILIC

TEMPS DE PRÉPARATION
15 minutes

TEMPS DE CUISSON
45 minutes

RENDEMENT
500 ml (2 tasses)

AILES DE POULET AU PARMESAN, AU POIVRE NOIR ET AU ZESTE

INGRÉDIENTS

2 gros œufs

2 c. à soupe d'eau

1 c. à café (1 c. à thé) d'huile d'olive

Une pincée de sel et de poivre du moulin

240 g (2 tasses) de parmesan, fraîchement râpé

2 c. à soupe de poivre du moulin

2 c. à café (2 c. à thé) de zeste de citron, râpé finement

24 ailes de poulet, coupées en trois (conserver le bout des ailes pour un bouillon)

250 ml (1 tasse) de sauce tomate-basilic (recette ci-après)

SAUCE TOMATE-BASILIC

2 c. à soupe d'huile d'olive

2 gousses d'ail, hachées

1 boîte de 498 ml (17 oz) de tomates italiennes, écrasées

½ c. à café (½ c. à thé) de chaque : sel, poivre, sucre et piment broyé

2 c. à soupe d'huile d'olive de bonne qualité

2 c. à soupe de basilic frais, haché

PRÉPARATION

1 Préchauffer le four à 200 °C (400 °F). Tapisser une plaque à biscuits avec une feuille de papier parchemin. Réserver.

2 Dans un bol, mélanger les œufs, l'eau, l'huile, le sel et le poivre.

3 Dans une assiette, mélanger le parmesan, le poivre et le zeste.

4 Tremper les ailes de poulet dans les œufs. Passer ensuite une aile à la fois dans le mélange de parmesan en pressant bien pour que le fromage adhère bien. Mettre les ailes sur la plaque. Répéter l'opération jusqu'à épuisement des ingrédients.

5 Cuire au four 20 minutes. Sortir la plaque du four et retourner les ailes. Poursuivre cette opération tout au long de la cuisson. (Temps de cuisson total : environ 45 minutes.) Quand les ailes sont bien dorées et que le fromage est bien croustillant, sortir la plaque du four et servir avec la sauce tomate-basilic.

SAUCE TOMATE-BASILIC

1 Dans une casserole, chauffer l'huile d'olive et l'ail de 2 à 3 minutes sans faire dorer. Ajouter les tomates et les assaisonnements. Porter à ébullition et laisser mijoter doucement de 30 à 45 minutes. Brasser de temps à autre.

2 Pendant ce temps, mélanger l'huile d'olive de bonne qualité et le basilic dans un bol. Réserver. Quand la texture de la sauce est belle et épaisse, retirer du feu et incorporer l'huile au basilic. Bien mélanger et servir immédiatement.

TEMPS DE PRÉPARATION
15 minutes
TEMPS DE MARINAGE
24 à 48 heures
TEMPS DE CUISSON
environ 35 minutes
COÛT
moyen
PORTIONS
6

AILES DE POULET AU WHISKY, SAUCE AU BLEU ET AU CITRON VERT

INGRÉDIENTS

24 ailes de poulet, coupées en trois (conserver le bout des ailes pour un bouillon)

MARINADE AU WHISKY

3 c. à soupe de miel

3 c. à soupe de whisky

3 c. à soupe de pâte de tomates aux fines herbes et à l'ail

1 c. à soupe de jus de citron vert

3 c. à soupe d'huile

1 c. à soupe d'herbes salées

3 grosses gousses d'ail, pressées

½ c. à café (½ c. à thé) de sel marin

Une pincée de piment d'Espelette ou de Cayenne

Quelques gouttes de sauce à la fumée hickory liquide, au goût

SAUCE AU BLEU ET AU CITRON VERT

160 ml (⅔ tasse) de babeurre

150 g (5 oz) de fromage bleu, en morceaux (ex.: fourme d'Ambert)

Le zeste d'un citron vert

1 c. à soupe de jus de citron vert

1 gousse d'ail, coupée en deux

Sel marin et poivre du moulin, au goût

2 c. à soupe d'huile de tournesol

PRÉPARATION

1 Mettre les ailes dans un grand sac en plastique.

2 Fouetter vigoureusement tous les ingrédients qui composent la marinade au whisky dans un bol. Verser dans le sac, puis fermer hermétiquement en expulsant le plus d'air possible. Avec les doigts, faire une pression sur le poulet pour bien répartir le liquide. Laisser mariner au réfrigérateur de 24 à 48 heures.

3 Préchauffer le four à 190 °C (375 °F).

4 Retirer les ailes de poulet de la marinade et les déposer à l'envers sur une grande plaque à pâtisserie tapissée de papier parchemin. Cuire au centre du four environ 25 minutes, jusqu'à ce qu'elles soient presque cuites.

5 Faire colorer les ailes sous le gril, puis les retourner délicatement à l'aide d'une spatule pour éviter de déchirer la peau et laisser colorer de 2 à 3 minutes. Servir immédiatement. Accompagner de sauce au bleu et au citron vert.

SAUCE AU BLEU ET AU CITRON VERT

1 Mettre tous les ingrédients qui composent la sauce dans le récipient du robot culinaire. À l'aide du bouton *pulse*, actionner le robot à quelques reprises jusqu'à l'obtention d'une consistance de trempette. Incorporer l'huile et mélanger encore un peu.

2 Ajouter du babeurre jusqu'à l'obtention de la texture désirée. Assaisonner au goût et transvider dans deux petits bols de service. Réfrigérer jusqu'au moment de servir.

TEMPS DE PRÉPARATION
25 à 30 minutes
TEMPS DE REPOS
1 heure
TEMPS DE CUISSON
10 minutes
PORTIONS
2 à 4

MAYONNAISE AU CITRON VERT
TEMPS DE PRÉPARATION
5 minutes
PORTIONS
2 à 4

BEIGNETS DE MORUE À LA MANGUE ET AU POIVRON, MAYONNAISE AU CITRON VERT

PÂTE
60 ml (¼ tasse) de lait
3 œufs
150 g (1 tasse) de farine
1 sachet de levure chimique
Sel et poivre, au goût

INGRÉDIENTS
400 g (2 tasses) de morue salée (préalablement dessalée), émiettée grossièrement
1 échalote, ciselée finement
2 gousses d'ail, hachées finement
1 c. à soupe de ciboulette fraîche, ciselée finement
1 c. à soupe de persil frais, haché finement
100 g (½ tasse) de mangue, en petits dés

50 g (¼ tasse) de poivrons rouges, en petits dés
1 c. à soupe de piments verts moyens, en brunoise
Fleur de sel et poivre du moulin, au goût
1 recette de mayonnaise au citron vert (recette ci-après)
Huile végétale pour friture

MAYONNAISE AU CITRON VERT
1 jaune d'œuf
2 c. à soupe de moutarde de Dijon
250 ml (1 tasse) d'huile végétale
1 c. à soupe de jus de citron vert
1 c. à café (1 c. à thé) de zeste de citron vert
Fleur de sel et poivre, au goût
1 oignon vert, ciselé finement

PRÉPARATION

1 Pour préparer la pâte : Dans un bol, mélanger le lait et les œufs. Dans un autre bol, mélanger la farine, la levure, le sel et le poivre. Bien mélanger les ingrédients secs dans les ingrédients liquides. Laisser reposer de 1 à 2 heures au réfrigérateur.

2 Ajouter tous les autres ingrédients à la pâte et laisser reposer. Préchauffer la friteuse à 180 °C (350 °F). Plonger de grosses cuillerées de pâte dans l'huile chaude. Cuire de 2 à 3 minutes ou jusqu'à ce que les beignets soient dorés et croustillants. Égoutter sur du papier absorbant. Servir avec la mayonnaise au citron vert.

MAYONNAISE AU CITRON VERT

1 Dans un bol, mélanger le jaune d'œuf et la moutarde à l'aide d'un fouet. Verser l'huile lentement en filet et mélanger sans cesse pour obtenir une émulsion. Ajouter le jus et le zeste de citron vert. Assaisonner, ajouter les oignons verts et bien mélanger. Rectifier l'assaisonnement au besoin.

BEIGNETS D'AIGLEFIN AUX POMMES DE TERRE ET AUX OIGNONS VERTS

INGRÉDIENTS

1,5 litre (6 tasses) de fond de volaille ou de fumet de poisson

2 grosses pommes de terre, pelées et coupées en cubes

60 g (¼ tasse) de beurre

3 c. à soupe de crème 35%

Sel et poivre du moulin

1 morceau épais d'aiglefin frais d'environ 250 g (8 oz)

Un peu de persil plat frais, haché

2 oignons verts ou ciboulettes, ciselés finement

Une pointe de piment d'Espelette

½ poivron rouge, en brunoise

2 œufs

60 g (½ tasse) de chapelure

250 ml (1 tasse) d'huile végétale pour la friture

MAYONNAISE AU RAIFORT ET AUX OIGNONS VERTS

125 ml (½ tasse) de mayonnaise maison ou du commerce

1 c. à soupe de raifort

1 c. à soupe d'oignons verts, ciselés finement

Sel et poivre du moulin

PRÉPARATION

1 Dans une grande casserole, porter le fond de volaille à ébullition. Ajouter le poisson et laisser pocher environ 5 minutes. Égoutter et réserver le bouillon pour un usage ultérieur.

2 Cuire les pommes de terre dans l'eau bouillante de 15 à 20 minutes, jusqu'à ce qu'elles soient très cuites. Réduire en purée à l'aide d'un pilon, ajouter le beurre et bien mélanger. Ajouter la crème, saler, poivrer et mélanger de nouveau.

3 Émietter grossièrement le poisson et bien le mélanger avec la purée de pommes de terre. Ajouter le persil, les oignons verts, le piment, les poivrons, les œufs et la chapelure. Bien mélanger. Façonner de belles boules avec le mélange.

4 Chauffer l'huile végétale dans une poêle antiadhésive. Frire les beignets de 2 à 3 minutes. Retourner les beignets et frire de 2 à 3 minutes de plus.

5 Pendant ce temps, bien mélanger tous les ingrédients de la mayonnaise au raifort dans un petit bol.

6 Retirer les beignets de l'huile à l'aide d'une écumoire, égoutter et servir avec un peu de mayonnaise au raifort.

TERRINE DE SAUMON FUMÉ AU CHÈVRE MOELLEUX

TEMPS DE PRÉPARATION
20 minutes
TEMPS DE REFROIDISSEMENT
2 heures
TEMPS DE CUISSON
aucun
COÛT
élevé
PORTIONS
6 à 8

28
29

INGRÉDIENTS

120 g (1 tasse) de fromage de chèvre
   frais

30 g (¼ tasse) de noix de cajou
   salées, broyées

1 ½ c. à soupe de jus de citron

1 ½ c. à soupe de ciboulette fraîche,
   ciselée

1 ½ c. à soupe d'aneth frais, haché
   finement

Sel et poivre du moulin

Crème 15 %, au besoin

300 g (10 oz) de saumon fumé,
   en fines tranches

PRÉPARATION

1 Mettre le fromage, les noix, le jus de citron, la ciboulette et l'aneth dans le robot culinaire. Saler légèrement et poivrer. Activer le robot par pulsations. Au besoin, ajouter un peu de crème pour obtenir une préparation tout juste tartinable (la préparation doit être suffisamment ferme pour que l'ensemble se tienne une fois refroidi).

2 Foncer l'intérieur d'un moule de 20 cm (8 po) d'une grande pellicule plastique. Couvrir le fond avec le tiers des tranches de saumon fumé, puis étendre délicatement et uniformément la moitié de la garniture au fromage de chèvre. Répéter les opérations au moins une fois et terminer par le dernier tiers des tranches de saumon fumé. Replier les côtés de la pellicule plastique sur le saumon pour l'emballer hermétiquement et réfrigérer de 2 à 24 heures.

3 Au moment de servir, démouler et découper en larges tranches. Servir avec une salade et des croûtons de biscottes.

DÉLINQUANTS ET COCHONS

Les entrées

TEMPS DE PRÉPARATION
15 minutes
TEMPS DE CUISSON
2 minutes
COÛT
moyen
PORTIONS
4

SALADE D'ÉPINARDS AU CHÈVRE CHAUD, À LA MANDARINE ET AUX NOISETTES CARAMÉLISÉES

INGRÉDIENTS

2 c. à soupe de beurre

2 c. à soupe de miel

Une pincée de cannelle moulue

Une pincée de noix de muscade moulue

120 g (1 tasse) de noisettes entières

240 g (4 tasses) de jeunes pousses d'épinards

2 c. à soupe de menthe fraîche, émincée

1 ½ oignon rouge, émincé très finement

2 ou 3 mandarines, en quartiers

Sel et poivre du moulin, au goût

8 rondelles de paillot de chèvre d'environ 1 cm (⅓ po) d'épaisseur

Croûtons, au goût

VINAIGRETTE À LA MANDARINE

125 ml (½ tasse) d'huile de tournesol

2 c. à soupe d'huile de noisette

4 c. à café (4 c. à thé) de miel

4 c. à café (4 c. à thé) de vinaigre de vin blanc

2 c. à soupe de concentré de jus d'orange

1 gousse d'ail, fraîchement pressée

1 pincée de sel

PRÉPARATION

1 Faire fondre le beurre dans une poêle à frire. Ajouter le miel, la cannelle, la muscade et les noisettes. Laisser caraméliser à feu moyen environ 5 minutes.

2 Dans un grand saladier, mélanger délicatement les épinards, la menthe, les oignons et les mandarines.

3 Dans un bol, fouetter les ingrédients de la vinaigrette et réserver.

4 Ajouter les noisettes encore chaudes dans le saladier. Mouiller de vinaigrette à la mandarine, au goût. Saler, poivrer et remuer délicatement. Réserver le reste de la vinaigrette au réfrigérateur pour un usage ultérieur.

5 Préchauffer le gril du four.

6 Mettre chaque rondelle de fromage entre deux feuilles de pellicule plastique ou de papier parchemin et appuyer sur le dessus pour l'aplatir légèrement. Ranger les rondelles sur une plaque à pâtisserie et chauffer sous le gril environ 2 minutes.

7 Dresser la salade dans quatre grandes assiettes creuses. Garnir chaque portion avec deux rondelles de fromage de chèvre chaud et des croûtons. Servir immédiatement.

TEMPS DE PRÉPARATION
15 minutes
CUISSON
environ 35 minutes
COÛT
moyen
PORTIONS
6 à 8

CRÉMEUSE DE CHAMPIGNONS ET CHANTILLY AU BRIE

INGRÉDIENTS
CRÉMEUSE DE CHAMPIGNONS
2 c. à soupe de beurre

2 c. à soupe d'huile

75 g (½ tasse) d'échalotes sèches, hachées

1 grosse gousse d'ail, écrasée

1 c. à soupe de thym séché

500 g (1 lb) de champignons blancs, hachés

125 ml (½ tasse) de vin blanc

1,5 litre (6 tasses) de bouillon de poulet

1 pomme de terre, épluchée et coupée en petits dés

15 g (½ oz) de champignons séchés (cèpes ou un mélange)

Sel marin, au goût

CHANTILLY AU BRIE
4 c. à soupe de brie sans la croûte, à température ambiante

125 ml (½ tasse) de crème 35 %

Une pincée de sel

GARNITURES
Copeaux ou dentelles de parmesan (facultatif)

Verdure, au goût

PRÉPARATION

1 Préchauffer une grande casserole à feu moyen et faire fondre le beurre dans l'huile. Faire revenir les échalotes, l'ail et le thym pendant 3 minutes. Augmenter légèrement le feu, ajouter les champignons et continuer la cuisson en remuant régulièrement jusqu'à ce qu'ils aient rendu leur eau et commencent à colorer.

2 Déglacer avec le vin et réduire presque à sec. Ajouter le bouillon, les pommes de terre et les champignons séchés. Saler au goût et porter à ébullition. Baisser le feu et laisser mijoter environ 20 minutes, en remuant de temps à autre, jusqu'à ce que les pommes de terre soient très tendres.

3 Réduire la soupe en crème lisse au mélangeur. Saler au goût, réchauffer et servir dans des tasses ou des verres. Garnir de chantilly au brie au goût, de copeaux de parmesan et de verdure.

CHANTILLY AU BRIE

1 Mettre le fromage dans un bol à fond plat et le crémer avec le dos d'une fourchette. Ajouter 1 c. à soupe de crème et le sel et continuer à travailler le mélange jusqu'à ce qu'il soit lisse.

2 Dans un autre bol, fouetter la crème restante jusqu'à ce qu'elle soit ferme. En ajouter le tiers au mélange de brie et bien mélanger à l'aide d'un fouet. Plier le reste de la crème fouettée dans le mélange de brie avec le fouet. Couvrir et réfrigérer au moins 30 minutes avant d'utiliser.

TEMPS DE PRÉPARATION
10 minutes
TEMPS DE CUISSON
aucun
COÛT
faible
PORTIONS
4 à 6

SALADE DE CHOU
AUX FINES HERBES

INGRÉDIENTS

600 g (3 tasses) de chou vert, émincé
finement

600 g (3 tasses) de chou rouge,
émincé finement

200 g (1 tasse) de carottes, râpées ou
émincées finement

1 c. à soupe de moutarde de Dijon

125 ml (½ tasse) d'huile de tournesol

1 c. à soupe d'herbes salées

1 c. à soupe d'herbes de Provence

1 c. à soupe de mayonnaise

1 c. à soupe de sel de céleri

125 ml (½ tasse) de vinaigre de vin
blanc

Sel et poivre du moulin, au goût

40
—
41

PRÉPARATION

1 Mélanger délicatement les choux et les carottes dans un grand
saladier. Réserver.

2 Fouetter tous les autres ingrédients dans un bol et mélanger
délicatement la quantité voulue avec les légumes. Servir immédiatement.

TEMPS DE PRÉPARATION
15 minutes
MARINAGE
1 heure
TEMPS DE CUISSON
10 minutes
COÛT
moyen
PORTIONS
6 à 8

SALADE CÉSAR TIÈDE AU POULET GRILLÉ, SAUCE ROSÉE

INGRÉDIENTS

2 grosses poitrines de poulet, coupées en cubes d'environ 2,5 cm (1 po)

10 tranches de bacon, coupées en dés

2 laitues romaines, coupées en tronçons

4 c. à soupe de petites câpres

150 g (1 tasse) de croûtons pour salade César

MARINADE

250 ml (1 tasse) de sauce chili ou de ketchup

60 ml (¼ tasse) d'huile d'olive

80 ml (⅓ tasse) de jus de citron vert

1 c. à soupe de miel

2 gousses d'ail, fraîchement pressées

2 c. à soupe de tamari

Quelques gouttes de tabasco vert

Une pincée de piment de Cayenne

Sel et poivre du moulin, au goût

SAUCE ROSÉE

250 ml (1 tasse) de mayonnaise

2 c. à soupe de moutarde de Dijon

4 c. à soupe d'huile d'olive extra-vierge

2 c. à soupe de jus de citron

1 c. à soupe d'herbes de Provence

2 gousses d'ail, fraîchement pressées

PRÉPARATION

1 Fouetter tous les ingrédients qui composent la marinade. Prélever 4 c. à soupe du mélange et réserver dans un petit bol.

2 Mettre les cubes de poulet dans la marinade et laisser reposer de 1 à 2 heures au réfrigérateur.

3 Fouetter les ingrédients de la sauce rosée dans un bol. Incorporer la marinade réservée (4 c. à soupe) et fouetter un peu. Réserver.

4 Dans une poêle à frire, faire cuire le bacon jusqu'à ce qu'il soit croustillant. Réserver.

5 Mettre le poulet dans la poêle et cuire de 5 à 7 minutes dans le gras de bacon à feu moyen-vif.

6 Dans un grand saladier, combiner la laitue, les câpres, le bacon et les croûtons. Incorporer la sauce rosée au goût et mélanger délicatement. Saler et poivrer. Servir la salade garnie de cubes de volaille tièdes.

TEMPS DE PRÉPARATION
15 minutes
TEMPS DE CUISSON
15 à 20 minutes
COÛT
élevé
PORTIONS
4 à 6

SALADE DE POITRINE DE CANARD GRILLÉE FAÇON NIÇOISE

INGRÉDIENTS

3 poitrines de canard d'environ 200 g (7 oz) chacune

2 c. à soupe d'épices pour bifteck

Sel et poivre du moulin

250 ml (1 tasse) de mayonnaise maison ou du commerce

2 c. à soupe de moutarde de Dijon

10 pommes de terre grelots, bien brossées, cuites *al dente* et coupées en deux

10 cœurs d'artichauts, coupés en deux

480 g (1 lb) de haricots verts fins, cuits *al dente*

240 g (4 tasses) de petites feuilles de roquette

15 tomates cerises, coupées en deux

20 olives Kalamata

VINAIGRETTE AUX CÂPRES ET AUX FINES HERBES

250 ml (1 tasse) d'huile d'olive

2 c. à soupe de câpres

2 gousses d'ail, coupées en deux

1 c. à soupe de miel

1 c. à café (1 c. à thé) d'origan séché

1 c. à café (1 c. à thé) de thym séché

2 c. à café (2 c. à thé) d'herbes salées

60 ml (¼ tasse) de jus de citron vert

PRÉPARATION

1 Préchauffer le barbecue à intensité élevée et tapisser la moitié du barbecue de papier d'aluminium.

2 À l'aide d'un petit couteau, entailler le gras du canard jusqu'à la chair. Saupoudrer les poitrines d'épices, de sel et de poivre. Cuire du côté peau directement sur le papier d'aluminium, environ 10 minutes, jusqu'à ce que la peau soit dorée et croustillante. Conserver le gras pour un usage ultérieur. Poursuivre la cuisson du côté chair directement sur la grille préalablement huilée de 7 à 10 minutes environ.

3 Pendant ce temps, mettre tous les ingrédients qui composent la vinaigrette dans le robot ou le mélangeur et pulser à quelques reprises jusqu'à ce que l'ail et les câpres soient légèrement broyés. Réserver.

4 Dans un bol, fouetter la mayonnaise, la moutarde et 2 c. à soupe de vinaigrette. Réserver.

5 Mélanger les pommes de terre, les artichauts et un peu de mayonnaise aromatisée au goût. Dans une grande assiette de service, déposer aléatoirement le mélange de pommes de terre et d'artichauts. Mélanger ensuite les haricots avec la vinaigrette réservée au goût et les mettre au centre de l'assiette. Remuer les feuilles de roquette avec un peu de vinaigrette et les mettre sur le nid de haricots.

6 Retirer les poitrines du feu, les trancher finement et les mettre au centre de la salade. Parsemer de tomates cerises et d'olives. Ajouter une petite touche de mayonnaise parfumée, puis saler et poivrer au goût.

TEMPS DE PRÉPARATION
5 minutes
TEMPS DE MARINAGE
2 heures
TEMPS DE CUISSON
5 à 7 minutes
COÛT
moyen
PORTIONS
4

SALADE TIÈDE AU SAUMON ET AUX PÊCHES, VINAIGRETTE CRÉMEUSE

INGRÉDIENTS

1 filet de saumon de l'Atlantique de 600 g (1 ¼ lb) sans la peau, coupé en 4 pavés

4 belles pêches, dénoyautées et coupées en quartiers

160 ml (⅔ tasse) de mayonnaise maison ou du commerce

80 ml (⅓ tasse) de crème champêtre 15 %

240 g (4 tasses) de fine roquette

120 g (2 tasses) de mesclun

½ oignon rouge, émincé finement

VINAIGRETTE

175 ml (¾ tasse) d'huile de tournesol

3 c. à soupe d'huile de noisette ou d'huile de sésame grillé

2 c. à soupe de confiture de pêche ou d'abricot

2 c. à soupe de miel

4 c. à soupe de vinaigre de vin blanc

2 gousses d'ail, fraîchement pressées

2 c. à soupe de basilic frais, ciselé finement

Sel et poivre du moulin

PRÉPARATION

1 Fouetter tous les ingrédients qui composent la vinaigrette dans un bol. Verser la moitié dans un sac en plastique ou un grand bol. Ajouter le saumon et les pêches et laisser mariner environ 2 heures au réfrigérateur.

2 Fouetter l'autre moitié de la vinaigrette avec la mayonnaise. Ajouter la crème et fouetter encore un peu jusqu'à l'obtention d'une vinaigrette crémeuse. Réserver au réfrigérateur.

3 Préchauffer le barbecue à intensité moyenne-élevée. Huiler la grille du barbecue et griller les pavés de saumon et les pêches de 5 à 7 minutes.

4 Pendant ce temps, dans un grand saladier, mélanger délicatement la roquette, le mesclun et les oignons. Réserver. Mettre le saumon et les pêches sur le nid de verdure. Arroser de vinaigrette crémeuse, puis saler et poivrer au goût.

TEMPS DE PRÉPARATION
15 minutes
TEMPS DE CUISSON
aucun
COÛT
faible
PORTIONS
4

SALADE DE CHOU
AUX POIRES FRAÎCHES

INGRÉDIENTS

1,2 kg (6 tasses) de chou, émincé finement

2 poires japonaises, évidées et émincées finement

6 c. à soupe de persil plat frais, émincé finement

2 c. à soupe d'herbes salées

80 ml (⅓ tasse) d'huile d'olive extravierge

60 ml (¼ tasse) d'huile de tournesol

80 ml (⅓ tasse) de jus de citron vert

1 c. à café (1 c. à thé) de thym

1 c. à café (1 c. à thé) de sel d'ail

1 c. à café (1 c. à thé) de sel de céleri

Sel et poivre du moulin, au goût

PRÉPARATION

1 Mélanger délicatement le chou, les poires et le persil dans un grand saladier.

2 Fouetter tous les autres ingrédients dans un bol et mélanger délicatement avec le chou et les poires. Rectifier l'assaisonnement et servir immédiatement.

Longtemps boudé au Québec, le chou reprend lentement du service et c'est tant mieux. Sain, économique, goûteux et disponible à longueur d'année, je trouve qu'il est à son meilleur en salade, bien croquant.

TEMPS DE PRÉPARATION
15 minutes
TEMPS DE CUISSON
5 minutes
COÛT
élevé
PORTIONS
4

SALADE DE CREVETTES ET DE SAUMON AUX POIRES, MAYONNAISE SAFRANÉE AU VIN BLANC

52
—
53

INGRÉDIENTS

250 ml (1 tasse) de vin blanc sec

1 ou 2 pincées de safran

480 g (1 lb) de filet de saumon sans la peau, coupé en cubes

480 g (1 lb) de grosses crevettes, décortiquées

2 poires jaunes, épépinées et pelées

Sel et poivre du moulin

1 belle grosse laitue Boston

½ poivron rouge, haché finement

½ poivron orange, haché finement

½ oignon rouge, haché finement

MAYONNAISE SAFRANÉE AU VIN BLANC

250 ml (1 tasse) de mayonnaise maison ou du commerce

2 gousses d'ail, hachées finement

2 c. à café (2 c. à thé) d'herbes salées

60 ml (¼ tasse) de jus de citron vert

PRÉPARATION

1 Dans une casserole, porter le vin et le safran à ébullition. Faire pocher le saumon, les crevettes et les poires environ 5 minutes à feu vif. Saler et poivrer au goût. Réserver le bouillon dans un bol, puis le saumon et les crevettes dans un autre.

2 Mélanger intimement tous les ingrédients qui composent la mayonnaise. Incorporer de 60 à 125 ml (¼ à ½ tasse) du bouillon réservé et fouetter un peu pour obtenir un mélange onctueux.

3 Mettre les feuilles de laitue au centre d'un grand saladier. Garnir de saumon et de crevettes et napper généreusement de mayonnaise. Parsemer de poivrons et d'oignons rouges et servir.

Ce n'est pas parce que c'est santé que ce n'est pas cochon. L'inverse est tout aussi vrai et cette salade en est la preuve. Et je suis certain que même Richard Béliveau approuverait un repas aussi sain. Santé !

TEMPS DE PRÉPARATION
15 minutes
TEMPS DE MARINAGE
6 à 12 heures
TEMPS DE CUISSON
15 minutes
COÛT
moyen-faible
PORTIONS
4 à 6

SALADE TIÈDE AU POULET GRILLÉ, VINAIGRETTE CRÉMEUSE AU CHIPOTLE

INGRÉDIENTS

3 belles poitrines de poulet d'environ 150 à 200 g (5 à 7 oz) chacune

2 cœurs de laitue romaine, en tronçons

4 c. à soupe de petites câpres

6 fines tranches de prosciutto, cuites et croustillantes, brisées en morceaux

150 g (1 tasse) de croûtons nature ou à l'ail

120 g (1 tasse) de parmesan, fraîchement râpé

MARINADE

250 ml (1 tasse) de yogourt nature

2 gousses d'ail, fraîchement pressées

1 c. à soupe d'origan séché

1 c. à soupe de thym séché

1 c. à soupe de sel d'ail

2 c. à soupe de jus de citron vert

2 c. à soupe d'huile d'olive extravierge

1 c. à café (1 c. à thé) de zeste de citron vert

VINAIGRETTE CRÉMEUSE AU CHIPOTLE

250 ml (1 tasse) de mayonnaise maison ou du commerce

60 ml (¼ tasse) de jus de citron vert

2 gousses d'ail, fraîchement pressées

1 c. à soupe de moutarde de Dijon

1 c. à soupe de purée de piment chipotle

1 pincée de sel

PRÉPARATION

1 Fouetter les ingrédients qui composent la marinade. Transvider dans un sac en plastique. Ajouter le poulet et laisser mariner au réfrigérateur de 6 à 12 heures.

2 Préchauffer le barbecue à intensité maximale pendant 5 minutes, puis baisser le feu à intensité moyenne-élevée. Huiler les grilles du barbecue et cuire les poitrines de 7 à 8 minutes de chaque côté.

3 Pendant ce temps, à l'aide du batteur à main ou du robot culinaire, fouetter tous les ingrédients qui composent la vinaigrette jusqu'à ce qu'elle soit onctueuse. Réserver.

4 Dans un grand saladier, mettre la laitue, les câpres, le prosciutto et les croûtons. Ajouter la vinaigrette au goût et mélanger délicatement. Ajouter le parmesan et mélanger de nouveau.

5 Retirer les poitrines de poulet du feu. Émincer finement et garnir la salade de morceaux de volaille fumants. Servir immédiatement.

HUÎTRES FRITES DOUBLE PANURE, MAYONNAISE AUX PALOURDES

INGRÉDIENTS

16 huîtres, écaillées et égouttées (réserver leur jus pour la mayonnaise)

Suffisamment d'huile végétale pour la friture (huile d'arachide de préférence)

120 g (1 tasse) de panko (chapelure japonaise)

PÂTE TEMPURA

30 g (¼ tasse) de fécule de maïs

150 g (1 tasse) de farine

1 c. à soupe de levure chimique (poudre à pâte)

Une pincée de sel

250 ml (1 tasse) d'eau glacée

MAYONNAISE AUX PALOURDES

250 ml (1 tasse) de mayonnaise maison

80 g (⅓ tasse) de petites palourdes en conserve, égouttées

2 c. à soupe de jus de palourdes

2 c. à soupe de ciboulette fraîche, hachée

Sel et poivre, au goût

56
—
57

PRÉPARATION

1 Dans un bol, mélanger tous les ingrédients secs qui composent la pâte tempura. Ajouter l'eau glacée d'un coup. Mélanger délicatement à l'aide d'une fourchette (ne pas trop mélanger : la pâte doit avoir quelques grumeaux). Réserver.

2 Chauffer l'huile à 180 °C (350 °F). Tremper les huîtres dans la pâte tempura (bien secouer pour enlever l'excédent), puis dans le panko. Plonger immédiatement dans l'huile chaude et cuire de 2 à 3 minutes. Égoutter sur du papier absorbant. Servir avec la mayonnaise aux palourdes.

MAYONNAISE AUX PALOURDES

1 Mélanger tous les ingrédients dans un bol.

On dit que Casanova mangeait plus d'une centaine d'huîtres avant de passer à l'acte... Si elles avaient été frites, il en aurait sûrement mangé un peu moins. Cuites à double friture et accompagnées ici de mayonnaise, elles l'auraient certainement empêché de s'exécuter avant d'avoir fait une petite sieste !

TEMPS DE PRÉPARATION
20 minutes
TEMPS DE CUISSON
25 à 30 minutes
PORTIONS
4

MAYONNAISE AU JUS
DE VEAU
TEMPS DE PRÉPARATION
10 minutes
TEMPS DE CUISSON
10 à 15 minutes
PORTIONS
4

VINAIGRETTE AU MIEL
ET AUX NOIX
TEMPS DE PRÉPARATION
5 minutes

SALADE CHAUDE DE FOIE GRAS, POINTES D'ASPERGES, RATTES ET MAYO AU JUS DE VEAU

INGRÉDIENTS

12 pommes de terre rattes, bien brossées

24 pointes d'asperges

1 c. à soupe d'huile d'olive

Fleur de sel et poivre du moulin, au goût

240 g (½ lb) de foie gras cru, coupé en morceaux et assaisonné de fleur de sel et de poivre sur toutes les faces

1 échalote, ciselée finement

60 ml (¼ tasse) de mayonnaise au jus de veau (recette ci-après)

Cerfeuil frais, au goût et pour la décoration

60 ml (¼ tasse) de vinaigrette au miel et aux noix (recette ci-après)

MAYONNAISE AU JUS DE VEAU

1 c. à soupe de beurre

1 échalote, hachée finement

2 c. à soupe de porto

2 c. à soupe de vin rouge

125 ml (½ tasse) de fond de veau

125 ml (½ tasse) de mayonnaise maison ou du commerce

Sel et poivre, au goût

VINAIGRETTE AU MIEL ET AUX NOIX

3 c. à soupe de vinaigre de miel

2 c. à soupe d'huile d'olive

1 c. à soupe d'huile de noix

Sel et poivre, au goût

PRÉPARATION

1 Cuire les pommes de terre *al dente* dans une casserole d'eau bouillante. Égoutter, couper en deux et réserver.

2 Préchauffer le four à *broil*. Mélanger les pointes d'asperges, l'huile, la fleur de sel et le poivre. Étaler sur une plaque à biscuits et faire rôtir sous le gril de 3 à 5 minutes. Réserver.

3 Dans une poêle antiadhésive bien chaude, saisir les cubes de foie gras de 1 à 2 minutes de chaque côté. Réserver sur du papier absorbant.

4 Dans la même poêle, réserver 3 c. à soupe de gras. Chauffer et faire sauter les pommes de terre de 5 à 7 minutes. Ajouter les échalotes et faire suer de 2 à 3 minutes. Retirer du feu et réserver dans un grand bol. Ajouter les asperges et la mayonnaise au jus de veau, puis mélanger délicatement.

5 Diviser la salade dans quatre assiettes et répartir les cubes de foie gras sur le dessus. Garnir de cerfeuil et ajouter quelques gouttes de vinaigrette au miel et aux noix.

MAYONNAISE AU JUS DE VEAU

1 Dans une casserole, chauffer le beurre et faire suer les échalotes. Déglacer au porto et mouiller avec le vin rouge. Laisser réduire de moitié.

2 Ajouter le fond de veau et laisser réduire jusqu'à consistance épaisse (plus de la moitié). Retirer du feu et laisser reposer à température ambiante. Ajouter une cuillerée de la réduction à la fois à la mayonnaise. Bien mélanger et en rajouter au goût. Rectifier l'assaisonnement au besoin.

VINAIGRETTE AU MIEL ET AUX NOIX

1 Fouetter tous les ingrédients dans un bol.

Un seul regard sur cette salade et me voilà pris au piège. Heureusement, une fois que nous nous sommes abandonnés au vice, les pointes d'asperges croquantes se chargent de modérer notre culpabilité !

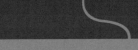

TEMPS DE PRÉPARATION
20 minutes
PORTIONS
2

MAYONNAISE MAISON
TEMPS DE PRÉPARATION
5 minutes
PORTIONS
2 à 4

SALADE CROUSTILLANTE DE CREVETTES ET DE CRABE, MAYONNAISE AU CAVIAR

INGRÉDIENTS

125 ml (½ tasse) de mayonnaise maison (recette ci-après)

1 c. à soupe de caviar rouge

Sel et poivre, au goût

120 g (2 tasses) de laitue frisée, ciselée finement

100 g (½ tasse) de crevettes nordiques, cuites et hachées grossièrement

100 g (½ tasse) de chair de crabe, effilochée

45 g (¾ tasse) de riz soufflé (Rice Krispies)

MAYONNAISE MAISON

1 jaune d'œuf

2 c. à soupe de moutarde de Dijon

250 ml (1 tasse) d'huile végétale

1 c. à soupe de jus de citron

Fleur de sel et poivre, au goût

PRÉPARATION

1 Mélanger délicatement la mayonnaise et le caviar dans un bol. Saler, poivrer et réserver.

2 Mettre tous les autres ingrédients dans un grand saladier. Mélanger délicatement avec la mayonnaise. Rectifier l'assaisonnement au besoin.

MAYONNAISE MAISON

1 Dans un bol, à l'aide d'un fouet, mélanger le jaune d'œuf et la moutarde. Verser l'huile en mince filet et mélanger sans cesse pour obtenir une émulsion. Ajouter le jus de citron et assaisonner au goût.

Si vous voulez vous offrir une version encore plus cochonne de cette salade, garnissez quelques mini-pains à hotdog grillés avec cette préparation et vous aurez des guedilles de luxe !

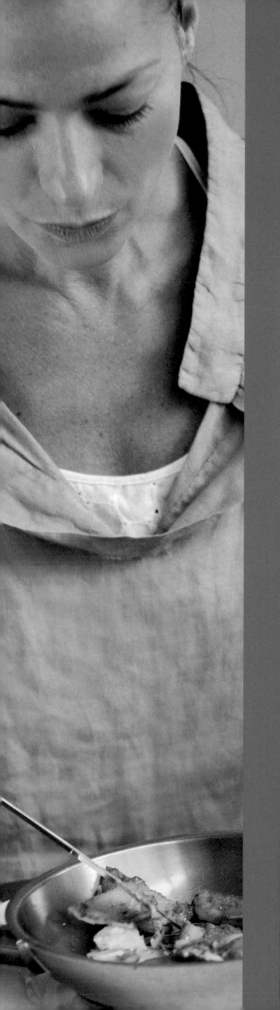

TEMPS DE PRÉPARATION
30 minutes
TEMPS DE CUISSON
25 à 30 minutes
COÛT
élevé
PORTIONS
4

FOIE GRAS POÊLÉ SUR RÖSTIS DE POMMES DE TERRE, D'ÉCHALOTES ET DE PETIT BASQUE, ROQUETTE À LA FLEUR DE SEL

INGRÉDIENTS

3 pommes de terre Yukon Gold, pelées et râpées

1 grosse échalote, hachée finement

60 g (½ tasse) de fromage Petit Basque, râpé

Sel et poivre, au goût

Une pincée de muscade moulue

1 c. à soupe de beurre

1 c. à soupe d'huile végétale

240 g (½ lb) de foie gras cru, coupé en quatre morceaux

30 g (½ tasse) de roquette ordinaire ou miniature

Un filet d'huile d'olive et de jus de citron

Fleur de sel, au goût

Un peu de miel doré

PRÉPARATION

1 Dans un bol, mélanger les pommes de terre, les échalotes, le fromage, le sel, le poivre et la muscade.

2 Dans une poêle antiadhésive, chauffer le beurre et l'huile. Diviser la préparation en quatre portions. Aplatir les röstis avec une spatule. Laisser cuire doucement de 5 à 10 minutes, jusqu'à ce qu'ils soient bien dorés et croustillants. Retourner et cuire de l'autre côté.

3 Pendant ce temps, dans une poêle bien chaude, saisir les morceaux de foie gras de chaque côté. Réserver.

4 Mélanger la roquette, l'huile d'olive et le jus de citron dans un bol. Assaisonner de fleur de sel. Mettre un rösti dans chaque assiette individuelle et couvrir avec un morceau de foie gras. Décorer de roquette et arroser avec un filet de miel.

Un autre irrésistible dérapage gourmand. Un autre mélange décadent de foie gras poêlé, de savoureux gâteau de pommes de terre râpées et de fromage fondant. Encore une fois, je succombe sans regret et vous invite à faire de même.

TEMPS DE PRÉPARATION
30 minutes
TEMPS DE CUISSON
30 minutes
COÛT
moyen
PORTIONS
4 à 6

CRÈME DE PALOURDES AUX MOULES, HUILE AU PERSIL ET CROÛTONS AU BEURRE NOISETTE

INGRÉDIENTS

500 ml (2 tasses) de lait

250 ml (1 tasse) de crème 35 %

250 ml (1 tasse) de bouillon de poulet

1 boîte de 142 g (5 oz) de petites palourdes (palourdes et jus séparés)

120 g (½ tasse) de beurre mou

75 g (½ tasse) de farine

175 ml (¾ tasse) de vin blanc

2 branches de thym

Fleur de sel et poivre du moulin, au goût

480 g (1 lb) de moules fraîches dans leur coquille

2 c. à soupe de beurre

125 g (½ tasse) de champignons, coupés en deux

50 g (¼ tasse) de poireaux, hachés

75 g (½ tasse) de céleri, émincé

Quelques gouttes d'huile au persil (recette ci-après)

Croûtons au beurre noisette (recette ci-après)

CROÛTONS AU BEURRE NOISETTE

120 g (½ tasse) de beurre

1 baguette, coupée en croûtons

Fleur de sel et poivre du moulin

HUILE AU PERSIL

30 g (1 tasse) de persil

250 ml (1 tasse) d'huile végétale

PRÉPARATION

1 Dans une casserole, porter à ébullition le lait, la crème, le bouillon et le jus de palourdes.

2 Dans un bol, faire un beurre manié en mélangeant la même quantité de beurre et de farine. Mélanger avec le lait à l'aide d'un fouet. Ajouter le vin, le thym, le sel et le poivre. Ajouter les moules et cuire 5 minutes à couvert.

3 Pendant ce temps, dans une poêle, chauffer le beurre et faire sauter les champignons, les poireaux et le céleri de 5 à 7 minutes. Réserver.

4 Retirer les moules de la crème et retirer leur coquille si désiré. Incorporer les légumes réservés, les moules décortiquées et les palourdes à la crème.

5 Servir dans des bols creux avec quelques gouttes d'huile de persil et un croûton au beurre noisette.

CROÛTONS AU BEURRE NOISETTE

1 Dans une casserole à fond épais, faire fondre le beurre doucement. Remuer et attendre environ 5 minutes pour qu'il prenne une belle couleur noisette. Stopper la cuisson en trempant le fond de la casserole dans un bain d'eau froide.

2 Tremper les croûtons dans le beurre noisette. Assaisonner et passer sous le gril quelques minutes.

HUILE AU PERSIL

1 À l'aide du robot culinaire, pulser le persil et l'huile pendant une bonne minute. Passer au chinois et filtrer.

DOIGTS DE CRABE CROQUANTS AU FENOUIL, SAUCE SUCRÉE CORIANDRE-ARACHIDE

TEMPS DE PRÉPARATION
30 minutes
TEMPS DE CUISSON
20 minutes
COÛT
moyen
PORTIONS
4

INGRÉDIENTS

2 c. à soupe de beurre

2 c. à soupe d'huile d'olive

1 bulbe de fenouil, en julienne

1 poireau, en julienne

1 carotte, en julienne

1 échalote, ciselée

Sel et poivre, au goût

500 g (2 tasses) de chair de crabe (pinces séparées)

½ mangue, en petits dés

½ poivron rouge, en brunoise

2 c. à soupe de mayonnaise maison

4 feuilles de riz carrées

4 c. à soupe de beurre clarifié

SAUCE SUCRÉE CORIANDRE-ARACHIDES

4 c. à soupe de sauce de poisson (nuoc mâm)

2 c. à soupe de sucre en poudre

2 c. à soupe de coriandre fraîche, hachée

2 c. à soupe d'arachides, écrasées

1 c. à soupe de poivrons rouges, en brunoise

2 c. à café (2 c. à thé) de miel

PRÉPARATION

1 Chauffer le beurre et l'huile dans une poêle. Ajouter les légumes en julienne et cuire de 3 à 5 minutes. Ajouter les échalotes et cuire de 2 à 3 minutes. Saler et poivrer. Réserver sur du papier absorbant.

2 Dans un cul-de-poule, mélanger le crabe, les légumes cuits, la mangue, le poivron et la mayonnaise. Rectifier l'assaisonnement.

3 Hydrater une feuille de riz entre deux linges chauds très humides pendant quelques minutes. Farcir avec le quart de la farce, replier les deux bords vers l'intérieur et rouler pour former un doigt de crabe. Faire les trois autres doigts de crabe de la même façon.

4 Dans une poêle antiadhésive, chauffer le beurre clarifié et faire dorer les doigts de crabe de 3 à 4 minutes de chaque côté. Servir immédiatement avec la sauce sucrée coriandre-arachide.

SAUCE SUCRÉE CORIANDRE-ARACHIDE

1 Mélanger tous les ingrédients dans un bol.

Si une certaine culpabilité s'empare de vous, sachez qu'il est possible de remplacer les feuilles de riz par des feuilles de laitue Boston, par exemple, et de sauter l'étape ultime de la friteuse. Mais dois-je vous rappeler le titre de ce livre ?

TEMPS DE PRÉPARATION
30 minutes
TEMPS DE MARINAGE
3 à 4 heures
TEMPS DE CUISSON
2 h 30
COÛT
élevé
PORTIONS
4 à 6

MINI-CONSERVE DE FOIE GRAS À LA FLEUR DE SEL

INGRÉDIENTS

1 foie gras de 480 à 600 g (1 à 1 ¼ lb)
1 c. à soupe de sel (moitié régulier,
moitié fleur de sel)
1 c. à soupe de poivre moulu

PRÉPARATION

1 Faire dégorger le foie gras dans l'eau tiède pendant 1 heure, puis bien l'essuyer avec un torchon. Le parer et l'assaisonner partout en frottant du bout des doigts.

2 Mettre le foie gras entre deux assiettes creuses et le laisser mariner de 3 à 4 heures au réfrigérateur.

3 Stériliser quatre pots miniatures. Couper le foie gras en quatre morceaux. Placer un morceau de foie dans chaque pot et fermer le couvercle.

4 Dans une petite casserole haute, mettre un linge plié au fond, les pots par-dessus, un autre linge plié et un poids par-dessus le tout. Remplir d'eau. Saler à saturation. Porter à ébullition et réduire pour obtenir un petit bouillonnement régulier. Cuire ainsi pendant 2 h 30.

5 Sortir les petits pots de l'eau, laisser tiédir et réfrigérer. Servir avec des croûtons beurrés de gras de canard grillé.

TEMPS DE PRÉPARATION
20 minutes
TEMPS DE CUISSON
15 minutes
PORTIONS
4

FRICASSÉE DE CHAMPIGNONS, CRÈME AU CHEDDAR PERRON ET FOIE GRAS

INGRÉDIENTS

2 c. à soupe de beurre

1 c. à soupe d'huile d'olive

750 g (3 tasses) de champignons sauvages (pleurotes, shiitake, café, chanterelles, bolets, etc.), coupés en gros morceaux

2 c. à soupe d'échalotes, hachées finement

1 oignon vert, ciselé

2 c. à soupe de vermouth ou de vin blanc

250 ml (1 tasse) de crème 35 %

1 c. à soupe de moutarde de Meaux

Sel et poivre, au goût

30 g (¼ tasse) de cheddar Perron, râpé

480 g (1 lb) d'escalopes de foie gras crues

Fleur de sel et poivre en grains pour assaisonner le foie gras

Copeaux de fromage et verdure pour garnir

PRÉPARATION

1 Dans une grande poêle, chauffer le beurre et l'huile. Faire sauter les champignons environ 5 minutes, jusqu'à ce qu'ils aient rendu leur eau et aient une belle coloration. Retirer de la poêle et réserver.

2 Dans la même poêle, faire suer les échalotes et les oignons verts de 2 à 3 minutes. Déglacer avec le vermouth. Mouiller avec la crème, puis ajouter la moutarde, le sel et le poivre. Retirer du feu, ajouter le cheddar et bien mélanger. Ajouter les champignons et réserver.

3 Assaisonner les escalopes de foie gras, puis les saisir dans une poêle bien chaude 2 minutes de chaque côté. Éponger sur un papier absorbant. Répartir la fricassée de champignons dans les assiettes et couvrir avec le foie gras. Garnir de copeaux de fromage, de verdure et de poivre en grains.

70
71

TEMPS DE PRÉPARATION
30 minutes
TEMPS DE CUISSON
15 à 20 minutes
TEMPS DE PAUSE
5 minutes
COÛT
élevé
PORTIONS
4 à 8

CRÈME FONDANTE AU FOIE DE CANARD ET AUX POMMES DE GLACE

INGRÉDIENTS

1 c. à soupe de beurre

2 grosses pommes Cortland, pelées, évidées et coupées en fines tranches

2 c. à soupe de sucre granulé

80 ml (⅓ tasse) de cidre de glace

1 c. à soupe de vinaigre de cidre

½ ou 1 foie de canard de 240 g (8 oz)

2 gros œufs

2 gros jaunes d'œufs

250 ml (1 tasse) de crème à cuisson 35 %

Une pincée de noix de muscade râpée

Une pincée de clou de girofle moulu

½ c. à soupe de sel marin

Poivre du moulin, au goût

Caramel de cidre de glace (recette ci-après)

8 fines tranches de pain aux noix, grillées ou non

CARAMEL DE CIDRE DE GLACE

125 ml (½ tasse) de cidre de glace

60 ml (¼ tasse) de miel

PRÉPARATION

1 Préchauffer le four à 180 °C (350 °F).

2 Dans une poêle antiadhésive préchauffée à feu moyen, faire fondre le beurre. Ajouter les pommes et les saupoudrer de sucre. Cuire à feu moyen-vif jusqu'à ce qu'elles soient colorées. Retourner et faire colorer de l'autre côté.

3 Mouiller avec le cidre de glace et le vinaigre de cidre, puis laisser réduire presque à sec.

4 Répartir les pommes au fond de 8 ramequins de 125 ml (½ tasse) allant au four.

5 À l'aide du robot culinaire, réduire le foie de canard, les œufs et les jaunes d'œufs en purée lisse. Ajouter la crème, les épices, le sel et le poivre, puis actionner l'appareil pour amalgamer le tout. Tamiser la préparation, puis la répartir délicatement dans les ramequins.

6 Ranger les ramequins dans un plat à lasagne et y verser de l'eau très chaude jusqu'à mi-hauteur des ramequins. Cuire au centre du four de 20 à 25 minutes, jusqu'à ce que le centre de la crème soit ferme (la lame d'un petit couteau enfoncée au centre doit ressortir sèche).

7 Retirer les ramequins du plat et laisser reposer 5 minutes à température ambiante. Démouler dans des assiettes de service. Garnir chaque portion de caramel de cidre de glace et accompagner d'une tranche de pain aux noix. (Peut aussi être servi froid, nappé de pommes au caramel de cidre.)

CARAMEL DE CIDRE DE GLACE

1 Verser le cidre de glace et le miel dans une petite casserole, bien fouetter et porter à ébullition. Laisser réduire de moitié à feu moyen et écumer au besoin. Laisser refroidir complètement.

Ces petits ramequins contiennent le meilleur de tous les mondes : le goût unique du cidre de glace, la suavité du foie gras de canard, l'acidité des pommes ! Ahhhh ! Ça fond littéralement dans la bouche !

TEMPS DE PRÉPARATION
15 minutes
TEMPS DE CUISSON
aucun
COÛT
faible
PORTIONS
6 à 8

SALADE DE CHOU CRÉMEUSE ET VELOUTÉE

INGRÉDIENTS

1,2 kg (6 tasses) de chou, émincé finement

200 g (1 tasse) de carottes, râpées ou émincées finement

125 ml (½ tasse) de mayonnaise maison ou du commerce

1 c. à soupe de moutarde de Dijon

2 c. à café (2 c. à thé) d'herbes salées

Poivre du moulin

2 c. à soupe de relish

1 c. à soupe de sel d'ail

1 c. à café (1 c. à thé) de romarin séché

1 c. à café (1 c. à thé) d'origan séché

Sel et poivre du moulin, au goût

PRÉPARATION

1 Mélanger délicatement le chou et les carottes dans un grand saladier. Réserver.

2 Fouetter tous les autres ingrédients dans un bol et mélanger délicatement la quantité voulue avec les légumes. Servir immédiatement.

74
—
75

TEMPS DE PRÉPARATION
10 minutes
TEMPS DE CUISSON
45 minutes
COÛT
faible
PORTIONS
4

CUISSES DE POULET BARBECUE À LA BIÈRE ROUSSE

INGRÉDIENTS

4 à 6 belles cuisses de poulet, sans la peau

2 bouteilles de bière rousse de 355 ml chacune

250 ml (1 tasse) de bouillon de volaille

Le jus d'un citron

4 gousses d'ail, émincées finement

Sel et poivre du moulin

6 c. à soupe de pâte de tomates aux fines herbes

1 c. à soupe de miel

2 c. à soupe de ketchup

MÉLANGE D'ÉPICES

1 c. à soupe d'origan séché

4 c. à soupe de paprika fumé

1 c. à soupe de sel d'ail

1 c. à soupe de thym séché

1 c. à soupe de poivre du moulin

½ c. à café (½ c. à thé) de piment de Cayenne

PRÉPARATION

1 Dans une grande casserole, mettre les cuisses de poulet, la bière, le bouillon, le jus de citron, l'ail, le sel et le poivre. Amener à ébullition et laisser mijoter à feu moyen-doux environ 20 minutes. Retirer les cuisses de poulet et réserver le jus de cuisson.

2 Préchauffer le barbecue à intensité moyenne-élevée.

3 Mélanger les épices dans un petit bol. Dans un autre bol, fouetter 60 ml (¼ tasse) du jus de cuisson, la pâte de tomates, le miel, le ketchup et la moitié du mélange d'épices. Badigeonner généreusement les cuisses de poulet avec ce melange.

4 Baisser l'intensité du barbecue à feu moyen-doux. Huiler la grille et cuire les cuisses de poulet environ 10 minutes de chaque côté. Les badigeonner de la marinade tout au long de la cuisson et les saupoudrer avec le mélange d'épices restant au goût.

80
—
81

D'abord blanchies, les cuisses de poulet bénéficient d'une première cuisson en profondeur. Elles perdent du gras, se gonflent de liquide et demeurent donc parfaitement juteuses, même après avoir été grillées sur le barbecue.

TEMPS DE PRÉPARATION
15 minutes
TEMPS DE CUISSON
15 minutes
COÛT
moyen
PORTIONS
4

AIGUILLETTES DE SAUMON GRILLÉES À L'ÉMULSION DE CITRON VERT, CRÉMEUSE DE BRIE

INGRÉDIENTS

125 ml (½ tasse) de crème champêtre 15 % ou 35 %

80 ml (⅓ tasse) de fumet de poisson ou de bouillon de volaille

150 g (5 oz) de brie, sans la croûte

80 ml (⅓ tasse) d'huile d'olive extravierge

2 gousses d'ail, fraîchement pressées

60 ml (¼ tasse) de jus de citron vert

1 c. à soupe de sel de céleri

1 c. à soupe de basilic frais, ciselé finement

Sel et poivre du moulin, au goût

1 filet de saumon de 750 g (1 lb 9 oz) sans peau, coupé en 16 fines lamelles de 1 cm (⅓ po) environ

PRÉPARATION

1 Dans une petite casserole à fond épais, faire chauffer la crème et le fumet. Laisser réduire de moitié de 5 à 7 minutes. Incorporer le fromage, mélanger intimement et laisser réduire encore un peu. Réserver.

2 Pendant ce temps, dans un bol, fouetter l'huile, l'ail, le jus de citron vert, le sel de céleri, le basilic, le sel et le poivre. Chauffer à feu moyen-vif dans une poêle à frire.

3 Cuire les aiguillettes de saumon dans cette émulsion 2 minutes de chaque côté.

4 Servir quatre aiguillettes par convive et napper avec la sauce au brie.

J'aime beaucoup cette technique de cuisson pour le saumon. Cuit dans cette vinaigrette à l'huile d'olive, le poisson demeure moelleux, tendre et rosé en son cœur. Le jus de citron vert et les aromates lui procurent un goût et des parfums remarquables.

DAUBE MOELLEUSE DE BŒUF EN CROÛTE FEUILLETÉE

TEMPS DE PRÉPARATION
20 minutes
TEMPS DE MARINAGE
au moins 12 heures
TEMPS DE CUISSON
3 h 20
COÛT
moyen
PORTIONS
6 à 8

INGRÉDIENTS

1 kg (2 lb) de cubes de bœuf à ragoût

200 g (1 tasse) d'oignons perlés, pelés

150 g (1 tasse) d'échalotes, pelées

2 carottes, pelées et coupées en tronçons

6 gousses d'ail, pelées

2 branches de romarin

2 branches de thym

2 c. à soupe d'huile d'olive

150 g (5 oz) de lard salé, en dés

500 ml (2 tasses) de sauce demi-glace

Poivre du moulin, au goût

1 abaisse de pâte feuilletée

1 jaune d'œuf

1 c. à soupe de crème champêtre 15 % ou d'eau

MARINADE

10 grains de poivre

2 clous de girofle

2 c. à soupe d'herbes salées

60 ml (2 oz) d'armagnac ou de cognac

1 bouteille de 750 ml de vin rouge sec corsé

PRÉPARATION

1 Faire la marinade : Mettre les grains de poivre et les clous de girofle dans une mousseline et bien fermer. Dans un grand bol, mélanger tous les ingrédients qui composent la marinade et verser dans un sac en plastique. Ajouter le bœuf, les oignons, les échalotes, les carottes, l'ail et les fines herbes. Bien enrober tous les ingrédients, fermer le sac hermétiquement et laisser mariner au réfrigérateur au moins 12 heures.

2 Égoutter la viande et les aromates et réserver la marinade pour la sauce. Dans une grande casserole de 4 litres (16 tasses), faire dorer les lardons dans l'huile pendant 5 minutes à feu moyen-vif. Réserver dans un bol. Saisir les cubes de bœuf et les réserver avec les lardons. (Il est préférable de saisir les cubes de viande en 4 fois afin de bien les faire colorer. Ajouter de l'huile au besoin après chaque addition.)

3 Faire colorer les oignons, les échalotes et l'ail. Réserver. Déglacer avec la marinade réservée. Laisser réduire 10 minutes. Ajouter la demi-glace et tous les ingrédients réservés. Poivrer, mais ne pas saler. Couvrir et laisser mijoter à feu doux environ 2 heures, jusqu'à ce que la viande soit tendre et que la sauce ait réduit.

4 Retirer la mousseline, les branches de fines herbes et les carottes.

5 Préchauffer le four à 200 °C (400 °F).

6 Verser dans une cocotte de 2 litres (8 tasses) ou des petites cocottes individuelles. Couvrir avec l'abaisse de pâte feuilletée. Bien sceller la pâte sur la cocotte en mouillant le bord avec un peu d'eau. Fouetter le jaune d'œuf et la crème dans un petit bol et badigeonner généreusement la pâte à l'aide d'un pinceau. Cuire au four environ 20 minutes, jusqu'à ce que la pâte soit dorée.

Pour séduire vos convives, vous pouvez aussi servir la daube en portions individuelles, dans de petits ramequins ou de petites soupières que vous couvrirez de pâte feuilletée. Vous pouvez congeler ces petites portions et les réchauffer au four le moment venu.

TEMPS DE PRÉPARATION
15 minutes
CUISSON
20 minutes
COÛT
élevé
PORTIONS
4

FILET DE BŒUF GRILLÉ, SAUCE BÉARNAISE

INGRÉDIENTS

4 filets de bœuf de 150 à 200 g (5 à 7 oz) chacun d'environ 5 cm (2 po) d'épaisseur

1 c. à soupe d'épices pour bifteck

SAUCE BÉARNAISE

120 g (½ tasse) de beurre

2 échalotes, hachées finement

½ c. à café (½ c. à thé) de poivre noir, fraîchement moulu

4 c. à soupe d'estragon frais, ciselé finement

250 ml (1 tasse) de vinaigre de vin blanc

3 jaunes d'œufs

PRÉPARATION

1 Préchauffer le barbecue à intensité forte.

2 Assaisonner les filets de bœuf avec les épices pour bifteck. Huiler les grilles du barbecue et faire griller les filets de bœuf à intensité moyenne-élevée environ 5 minutes de chaque côté en les marquant. Fermer les brûleurs d'un côté du barbecue, augmenter l'intensité de l'autre à chaleur élevée et poursuivre la cuisson du côté des brûleurs éteints, couvercle fermé, environ 5 minutes.

3 Servir les filets de bœuf accompagnés de sauce au goût.

SAUCE BÉARNAISE

1 Dans une petite casserole, faire fondre le beurre à feu doux. Réserver.

2 Dans une autre casserole, mettre les échalotes, le poivre, l'estragon et le vinaigre. Faire réduire presque à sec à feu moyen-vif. Laisser refroidir.

3 Incorporer les jaunes d'œufs et fouetter énergiquement. Chauffer au bain-marie en fouettant sans cesse, jusqu'à l'obtention d'une consistance de mayonnaise.

4 Retirer du feu et incorporer le beurre fondu petit à petit en prenant soin de ne prendre que le beurre clarifié, sans le petit-lait. Fouetter vigoureusement après chaque addition jusqu'à l'obtention d'une sauce onctueuse.

Il y a des classiques qui ne se réinventent pas, des mariages qui ne trompent pas : une béarnaise bien montée, qui fond, coule et enveloppe de son goût riche et suave un filet de bœuf grillé à point... Voilà, entre autres choses, ce qui fait la beauté et la précision de la cuisine française !

TEMPS DE PRÉPARATION
30 minutes
TEMPS DE CUISSON
environ 30 minutes
TEMPS DE PAUSE
10 minutes
COÛT
élevé
PORTIONS
8 à 10

FILETS DE VEAU TRUFFÉS AU CHÈVRE CRÉMEUX ET AUX ÉPINARDS

INGRÉDIENTS

240 g (4 tasses) de jeunes feuilles d'épinards

2 c. à soupe d'eau

300 g (10 oz) de fromage de chèvre frais

3 c. à soupe de câpres, hachées

1 c. à café (1 c. à thé) de romarin moulu

1 c. à café (1 c. à thé) de sauge séchée

1 c. à café (1 c. à thé) de zeste d'orange, râpé finement

Sel marin et poivre du moulin, au goût

8 morceaux de filets de veau de grain de 200 g (7 oz) chacun

16 grandes tranches fines de prosciutto

60 ml (¼ tasse) d'huile d'olive

160 ml (⅔ tasse) de bouillon de poulet en conserve non dilué

PRÉPARATION

1 Mettre les épinards et l'eau dans une grande poêle préchauffée à feu moyen. Cuire, en remuant, jusqu'à ce qu'ils tombent. Laisser refroidir complètement dans un bol. Essorer les épinards avec les mains pour extraire le plus de liquide possible avant de les hacher.

2 Dans un bol, mélanger les épinards, le fromage, les câpres, le romarin, la sauge et le zeste. Saler et poivrer.

3 Préchauffer le four à 180 °C (350 °F).

4 Ouvrir chaque filet de veau en portefeuille. Farcir avec 2 c. à soupe de préparation au fromage. Envelopper chaque filet avec 2 tranches de prosciutto en s'assurant que la farce ne déborde pas.

5 Dans une grande poêle antiadhésive préchauffée à feu moyen, faire colorer les filets de tous les côtés dans l'huile d'olive, puis les déposer dans un plat à lasagne. Placer l'ouverture du portefeuille vers le haut pour empêcher le fromage de couler.

6 Cuire au centre du four environ 25 minutes, jusqu'à ce que la chair soit encore légèrement rosée. (La température interne doit atteindre 60 °C/140 °F.) Sortir les filets du four et couvrir d'une feuille de papier d'aluminium sans serrer. Laisser reposer 10 minutes à température ambiante.

7 Pendant ce temps, réduire la farce restante et le bouillon en sauce lisse à l'aide du mélangeur. Transvider dans une petite casserole et réserver au chaud.

8 Dresser un filet de veau dans chaque assiette sur un lit de sauce et présenter le reste de celle-ci en saucière. Servir immédiatement.

TEMPS DE PRÉPARATION
15 minutes
TEMPS DE CUISSON
1 h 40
COÛT
moyen
PORTIONS
4

JARRETS D'AGNEAU BRAISÉS GLACÉS AU CARAMEL D'ÉRABLE

INGRÉDIENTS

4 jarrets d'agneau
2 litres (8 tasses) de bouillon de bœuf corsé
2 branches de romarin
1 oignon, en gros cubes
4 gousses d'ail, coupées en deux

CARAMEL À L'ÉRABLE

125 ml (½ tasse) de sirop d'érable
2 gousses d'ail, fraîchement pressées
2 c. à soupe de tamari
2 c. à soupe de moutarde de Dijon
1 c. à soupe de gingembre, fraîche-ment râpé
2 c. à soupe de beurre
Sel et poivre du moulin

102
103

PRÉPARATION

1 Mettre les jarrets d'agneau dans un grand faitout avec le bouillon, le romarin, les oignons et l'ail. Porter à ébullition sur la cuisinière, couvrir et laisser mijoter à feu moyen-doux environ 1 h 30.

2 Dans une petite casserole, mélanger tous les ingrédients qui composent le caramel. Ajouter 125 ml (½ tasse) de bouillon ayant servi à faire braiser les jarrets et fouetter énergiquement. Amener à douce ébullition et laisser réduire de moitié de 5 à 7 minutes environ. Laisser tiédir.

3 Préchauffer le four à 190 °C (375 °F).

4 Retirer les jarrets du bouillon (réserver le bouillon pour un usage ultérieur), les éponger sommairement et les mettre sur une plaque à cuisson.

5 À l'aide d'une cuillère et d'un pinceau, couvrir généreusement les jarrets de caramel. Cuire au four pendant 10 minutes et badigeon-ner une ou deux fois avec le caramel restant en cours de cuisson.

TEMPS DE PRÉPARATION
15 minutes
TEMPS DE CUISSON
10 à 15 minutes
COÛT
moyen
PORTIONS
4

LINGUINES AUX ESCARGOTS ET À LA CRÈME DE TRIPLE CRÈME

INGRÉDIENTS

330 g (11 oz) de linguines

1 c. à soupe de beurre

1 c. à soupe d'huile

2 gousses d'ail, émincées

Sel et poivre, au goût

2 boîtes de 125 g (4 oz) d'escargots, égouttés et rincés

250 ml (1 tasse) de bouillon de volaille à l'ail et aux fines herbes

80 ml (⅓ tasse) de crème champêtre 15 % ou 35 %

350 g (10 oz) de fromage triple crème sans croûte, en dés

1 c. à soupe de beurre manié

4 c. à soupe de persil plat frais, haché finement

4 oignons verts, émincés très finement

PRÉPARATION

1 Faire cuire les pâtes *al dente*.

2 Pendant ce temps, dans une petite casserole à fond épais, faire fondre le beurre dans l'huile et faire revenir l'ail pendant 1 minute. Saler et poivrer.

3 Ajouter les escargots, les faire sauter 2 minutes, puis déglacer à l'aide du bouillon. Ajouter la crème et le triple crème, mélanger et cuire pour faire fondre le fromage pendant 5 minutes.

4 Incorporer le beurre manié. Fouetter et poursuivre la cuisson 3 minutes de plus jusqu'à ce que la sauce soit onctueuse. Servir les pâtes nappées de sauce et garnies de persil et d'oignons verts.

TEMPS DE PRÉPARATION
15 minutes
TEMPS DE CUISSON
20 minutes
COÛT
moyen
PORTIONS
4

MIGNONS DE PORC POÊLÉS AU GRAS DE CANARD, DOUCE DIJONNAISE AU GOUDA FUMÉ

INGRÉDIENTS

1 c. à soupe d'huile d'olive

1 c. à soupe de beurre

3 échalotes, hachées finement

2 gousses d'ail, émincées

Sel et poivre du moulin

60 ml (¼ tasse) de vin blanc sec

80 ml (⅓ tasse) de bouillon de volaille

2 branches de romarin

125 ml (½ tasse) de crème 35 %

150 g (5 oz) de gouda fumé, râpé

2 c. à soupe de moutarde de Dijon

2 filets de porc, coupés en médaillons
de 5 cm (2 po) d'épaisseur

Sel et poivre du moulin, au goût

6 c. à soupe de gras de canard

PRÉPARATION

1 Préparer d'abord la sauce : Dans une petite casserole, faire fondre le beurre dans l'huile. Ajouter les échalotes et l'ail. Saler et poivrer au goût. Faire dorer de 3 à 4 minutes. Déglacer avec le vin, laisser réduire presque à sec. Mouiller avec le bouillon, ajouter le romarin et laisser réduire de moitié environ 4 minutes.

2 Ajouter la crème, fouetter un peu et réduire de nouveau de moitié. Ajouter le fromage et fouetter jusqu'à ce qu'il soit fondu. Ajouter la moutarde, mélanger un peu et passer au tamis pour ne garder que la sauce crémeuse et onctueuse. Réserver au chaud.

3 Saler et poivrer les mignons de porc. Réserver. Dans une poêle à frire, faire fondre le gras de canard à feu moyen-vif. Saisir les médaillons 2 minutes de chaque côté. Servir de 4 à 5 médaillons par convive et napper de sauce au gouda fumé.

Les filets de porc coupés en gros médaillons et cuits dans le gras de canard salé montrent une viande dorée et croustillante en surface, moelleuse et rosée à l'intérieur. Le gouda fumé apporte une onctuosité et une petite pointe salée à cette dijonnaise déjà bien vive. Un délice !

TEMPS DE PRÉPARATION
30 minutes
TEMPS DE CUISSON
25 à 30 minutes
COÛT
élevé
PORTIONS
4

MILLEFEUILLES DE FILET MIGNON, DUXELLES DE CHAMPIGNONS AUX PIGNONS ET AU FROMAGE BLEU

INGRÉDIENTS

1 c. à soupe de beurre

1 c. à soupe d'huile végétale

4 morceaux de filet mignon de 200 g (7 oz) chacun

60 ml (¼ tasse) de crème 35 %

Sel et poivre du moulin, au goût

DUXELLES

1 c. à soupe de beurre

1 c. à soupe d'huile végétale

250 g (1 tasse) de pleurotes, en petits morceaux

125 g (½ tasse) de shiitake, en petits morceaux

1 échalote, hachée finement

2 c. à soupe de porto

60 g (½ tasse) de fromage bleu

30 g (¼ tasse) de pignons

2 c. à soupe de ciboulette fraîche, hachée finement

Sel et poivre, au goût

PRÉPARATION

1 Dans une poêle bien chaude, chauffer le beurre et l'huile. Saisir les morceaux de viande des deux côtés. Terminer la cuisson au four préchauffé à 180 °C (350 °F) selon la cuisson désirée (de 12 à 15 minutes pour une cuisson rosée). Réserver et laisser reposer dans une feuille d'aluminium 10 minutes avant de découper en tranches.

2 Préparer la duxelles : Dans une autre poêle, chauffer le beurre et l'huile. Rissoler les champignons et ajouter les échalotes. Faire suer de 2 à 3 minutes et retirer du feu. Ajouter le porto et la moitié du fromage. Mélanger délicatement et laisser fondre le fromage. Ajouter les pignons, la ciboulette, le sel et le poivre. Mélanger délicatement et réserver au chaud.

3 Pendant ce temps, chauffer la poêle ayant servi à cuire la viande et verser la crème. Porter à ébullition et incorporer le reste du fromage. Assaisonner et réserver. Trancher chaque filet mignon en trois morceaux, récupérer le jus et le mélanger avec la crème.

4 Dans une assiette, faire un millefeuille (une tranche de viande, un peu de duxelles, une tranche de viande, un peu de duxelles, etc.). Arroser avec un filet de crème de cuisson. Faire les autres millefeuilles de la même manière.

TEMPS DE PRÉPARATION
15 minutes
TEMPS DE MACÉRATION
6 à 8 heures
TEMPS DE CUISSON
10 à 15 minutes
COÛT
moyen
PORTIONS
4 à 6

TZATZIKI AU CHÈVRE DOUX

1 grand concombre anglais, pelé et râpé

Sel du moulin

250 ml (1 tasse) de yogourt nature

120 g (1 tasse) de fromage de chèvre doux, émietté

1 c. à café (1 c. à thé) de basilic frais, ciselé finement

1 gousse d'ail, fraîchement pressée

2 c. à soupe d'huile d'olive

SHISH KEBAB DE PORC ET TZATZIKI AU CHÈVRE DOUX

INGRÉDIENTS

750 g (1 ½ lb) de filet de porc, paré et coupé en cubes

1 poivron rouge, en gros dés

1 poivron vert, en gros dés

1 oignon, en gros dés

MARINADE

175 ml (¾ tasse) d'huile d'olive

2 c. à café (2 c. à thé) de gros sel de mer

2 c. à café (2 c. à thé) de paprika fumé

1 pincée d'assaisonnement au chili

1 c. à soupe de moutarde de Dijon

2 c. à soupe de pâte de tomates aux fines herbes

2 c. à soupe d'origan séché

Le jus et le zeste d'un citron vert blanchi

4 branches de thym

1 c. à soupe de menthe fraîche, ciselée finement

3 gousses d'ail, fraîchement pressées

BEURRE AROMATISÉ

240 g (1 tasse) de beurre, fondu

60 ml (¼ tasse) de jus de citron

1 c. à café (1 c. à thé) de paprika fumé

2 gousses d'ail, fraîchement pressées

PRÉPARATION

1 Dans un grand bol, fouetter les ingrédients de la marinade. Laisser mariner les cubes de viande au réfrigérateur de 6 à 8 heures.

2 Sur de longues brochettes de bambou préalablement trempées dans l'eau pendant une trentaine de minutes, embrocher les cubes de viande en alternant avec les dés de légumes.

3 Dans un petit bol, fouetter les ingrédients qui composent le beurre aromatisé et réserver.

4 Chauffer le barbecue pendant 5 minutes à intensité maximale. Baisser le feu à intensité moyenne et huiler la grille du barbecue.

5 Griller les brochettes de 5 à 7 minutes de chaque côté en les badigeonnant généreusement de beurre aromatisé tout au long de la cuisson.

6 Servir les brochettes sur un nid de riz tiède parfumé et accompagner de tzatziki.

TZATZIKI AU CHÈVRE DOUX

1 Mettre le concombre râpé dans un bol. Saupoudrer de sel et laisser dégorger 30 minutes à température ambiante.

2 Mettre le concombre dans une passoire et laisser égoutter l'eau en le pressant avec le dos d'une cuillère.

3 Dans un grand bol, mélanger le yogourt, le fromage, le basilic, l'ail et l'huile d'olive. Ajouter le concombre et bien mélanger. Réserver au réfrigérateur.

Ce classique de la cuisine nord-africaine est traditionnellement préparé avec de la viande d'agneau, mais je vous propose ici d'utiliser du porc. Badigeonnée de beurre pendant la cuisson, la viande sera plus juteuse et plus dorée. C'est tellement cochon, accompagné d'un tzatziki moelleux au chèvre doux!

EFFILOCHÉ DE PORC CONFIT EN PAILLASSON DE TARTIFLETTE

TEMPS DE PRÉPARATION
25 minutes

TEMPS DE MARINAGE
2 à 4 h

TEMPS DE CUISSON
40 minutes

COÛT
élevé

PORTIONS
2

PORC CONFIT RAPIDE

TEMPS DE PRÉPARATION
25 minutes

TEMPS DE CUISSON
1 h 30

PORTIONS
4

INGRÉDIENTS

1 c. à soupe de beurre

1 c. à café (1 c. à thé) d'huile végétale

125 g (½ tasse) de champignons de Paris, en tranches

75 g (½ tasse) de courgettes, en dés

1 poireau, ciselé

1 gousse d'ail, hachée

Fleur de sel et poivre du moulin, au goût

2 pommes de terre jaunes, pelées et coupées en fines tranches

250 ml (1 tasse) de crème 35 %

1 filet de porc confit rapide, effiloché (recette ci-après)

½ reblochon, coupé en deux

Graines germées ou jeunes pousses vertes, au goût (facultatif)

PORC CONFIT RAPIDE

1 oignon, haché finement

3 gousses d'ail, hachées finement

1 c. à soupe de gros sel

2 branches de thym

2 filets de porc

250 ml (1 tasse) de bouillon à fondue

1 litre (4 tasses) de gras de canard

1 c. à café (1 c. à thé) d'épices pour bifteck

PRÉPARATION

1 Chauffer le beurre et l'huile dans une poêle. Faire sauter les champignons et les courgettes de 3 à 5 minutes. Ajouter les poireaux et l'ail. Faire suer 3 minutes. Assaisonner et réserver.

2 Dans une petite casserole, mettre les pommes de terre et la crème. Porter doucement à ébullition, cuire 2 minutes et réserver.

3 Répartir le porc effiloché dans deux ramequins. Couvrir avec le mélange de champignons-courgettes. Disposer les tranches de pomme de terre en rosace sur le dessus. Ajouter la crème épaissie et assaisonner. Garnir d'un morceau de reblochon (croûte vers le haut). Cuire au four à 180 °C (350 °F) pendant 30 minutes. Décorer de pousses de verdure et servir.

PORC CONFIT RAPIDE

1 Mélanger les oignons, l'ail, le gros sel et le thym. Frotter les filets de porc avec ce mélange. Mettre dans un plat et couvrir de pellicule plastique. Laisser mariner de 2 à 4 heures au réfrigérateur. Égoutter et éponger la viande.

2 Mettre les filets de porc dans une casserole allant au four. Mouiller avec le bouillon à fondue et ajouter le gras de canard. Assaisonner avec les épices. (Les filets doivent être recouverts de gras de canard.) Porter à ébullition.

3 Cuire au four à 180 °C (350 °F) pendant 1 h 30. Égoutter la viande. Filtrer le gras de canard et le conserver pour un usage ultérieur. Laisser refroidir la viande avant de la mettre au réfrigérateur. Dégraisser avant de servir.

ÉCARTS
COMPLICES

Les plats réconfortants

TEMPS DE PRÉPARATION
15 minutes
TEMPS DE CUISSON
2 heures
COÛT
moyen
PORTIONS
4 à 6

CÔTES LEVÉES DE BŒUF BRAISÉES, GLACÉES, RELEVÉES

INGRÉDIENTS

3 kg (6 ½ lb) de côtes de bœuf

3 litres (12 tasses) de bouillon ou de consommé de bœuf

4 branches de romarin frais

4 gousses d'ail, émincées finement

Sel et poivre du moulin, au goût

MARINADE

125 ml (½ tasse) de bouillon de bœuf corsé ayant servi à la cuisson des côtes de bœuf

375 ml (1 ½ tasse) de sauce chili

2 c. à soupe de paprika fumé

1 c. à soupe de sel d'ail

1 pincée de piment de Cayenne

2 c. à soupe de sauce soja

2 c. à soupe de vinaigre de vin rouge

Quelques gouttes de tabasco chipotle, au goût

MÉLANGE D'ÉPICES

2 c. à soupe de sel d'ail

3 c. à soupe de paprika fumé

1 c. à soupe de cassonade

2 c. à café (2 c. à thé) de thym séché

2 c. à soupe d'épices pour bifteck

PRÉPARATION

1 Préchauffer le four à 200 °C (400 °F).

2 Découper chacune des côtes de bœuf.

3 Mettre les côtes levées dans un grand faitout. Ajouter le bouillon, le romarin, l'ail, le sel et le poivre. Porter à ébullition, couvrir et laisser bouillir à feu doux environ 1 h 30.

4 Retirer les côtes levées du bouillon et les éponger sommairement (prélever 125 ml (½ tasse) du bouillon pour la marinade et réserver le reste pour un usage ultérieur).

5 Dans un bol, fouetter ensemble tous les ingrédients qui composent la marinade avec le bouillon de cuisson prélevé. Tremper chaque côte de 1 à 2 minutes dans la marinade et saupoudrer au goût avec le mélange d'épices.

6 Mettre les côtes levées sur une plaque à biscuits et cuire au four de 15 à 20 minutes.

Énorrrrrrrmes, gargantuesques ! Tout droit sorties des aventures des *Pierrafeu* ! Longuement braisées, ces côtes levées laisseront derrière elles leur surplus de gras et deviendront tendres à vous faire fondre de plaisir !

TEMPS DE PRÉPARATION
10 minutes
TEMPS DE CUISSON
15 minutes
COÛT
moyen
PORTIONS
4

MACARONI AU CHEDDAR, À L'OKA ET AUX NOIX CRAQUANTES

INGRÉDIENTS

330 g (11 oz) de macaronis

Bouillon de volaille corsé

60 g (½ tasse) de noix de Grenoble, grossièrement concassées

60 g (½ tasse) de pacanes, grossièrement concassées

60 g (½ tasse) de noix de cajou, grossièrement concassées

2 c. à soupe d'huile d'olive

2 c. à café (2 c. à thé) de sel d'ail

1 pincée de piment de Cayenne

2 c. à café (2 c. à thé) de sauce tamari

125 ml (½ tasse) de crème 35 %

6 c. à soupe de beurre

150 g (3 ½ oz) de cheddar doux orange, râpé

100 g (3 ½ oz) d'oka classique, sans la croûte et râpé

1 c. à soupe de beurre manié

PRÉPARATION

1 Cuire les pâtes *al dente* dans le bouillon de volaille.

2 Pendant ce temps, mélanger les noix avec l'huile, le sel d'ail, le cayenne et le tamari. Déposer sur une plaque et griller au four préchauffé à 180 °C (350 °F) pendant 10 minutes.

3 Égoutter les pâtes et réserver le bouillon.

4 Dans une casserole, amener à frémissement 60 ml (¼ tasse) du bouillon de cuisson des pâtes, la crème et le beurre. Incorporer les fromages et le beurre manié par petites touches en laissant fondre après chaque addition. Ajouter les pâtes et mélanger délicatement.

5 Répartir dans quatre bols à pâtes creux. Saupoudrer de noix craquantes au goût.

Mes frères aînés étaient de grands apprentis cuisiniers ! Des gourmands qui ne se contentaient jamais de la même version du macaroni au fromage. Leurs expériences donnaient toutes sortes de résultats, mais toujours si réconfortants !

TEMPS DE PRÉPARATION
15 minutes
TEMPS DE CUISSON
15 minutes
COÛT
faible
PORTIONS
2

SAUCE AU FOND DE VEAU
TEMPS DE PRÉPARATION
15 minutes
TEMPS DE CUISSON
6 heures

POUTINE AUX COPEAUX DE PARMESAN ET À L'HUILE DE TRUFFE, SAUCE AU FOND DE VEAU

INGRÉDIENTS

Assez d'huile végétale pour la friture

1 recette de sauce au fond de veau (recette ci-après)

4 grosses pommes de terre jaunes non pelées, en bâtonnets

Fleur de sel, au goût

30 g (¼ tasse) de copeaux de parmesan

2 c. à café (2 c. à thé) d'huile de truffe

Poivre du moulin

SAUCE AU FOND DE VEAU

4 lb (1,8 kg) d'os de veau

1 mirepoix (2 carottes, 3 oignons, 2 branches de céleri)

3 litres (12 tasses) d'eau

1 bouquet garni (feuille de laurier, branches de thym, persil frais, vert de poireau, clou de girofle)

PRÉPARATION

1 Préchauffer la friteuse à 180 °C (350 °F).

2 Chauffer la sauce au fond de veau et réserver. Blanchir les bâtonnets de pomme de terre en première cuisson de 5 à 7 minutes et égoutter. Cuire en deuxième cuisson de 5 à 7 minutes et égoutter. Assaisonner de fleur de sel.

3 Dans un bol creux, entremêler les frites, les copeaux de parmesan et l'huile de truffe. Arroser de sauce chaude, poivrer et servir immédiatement.

SAUCE AU FOND DE VEAU

1 Préchauffer le four à 230 °C (450 °F) pendant 30 minutes.

2 Sur une plaque à biscuits, étendre les os de veau et la mirepoix. Cuire au four pendant 30 minutes.

3 Pendant ce temps, dans une grande casserole, porter l'eau à ébullition avec le bouquet garni. Quand les os et la mirepoix ont une belle couleur dorée, les mettre dans l'eau. Cuire à petits bouillons pendant 6 heures ou jusqu'à ce qu'il reste de 500 à 750 ml (2 à 3 tasses) de sauce (bien écumer tout au long de la cuisson). Conserver la sauce restante au réfrigérateur ou la congeler en portions.

Vous arrive-t-il de vous vautrer en cachette dans une poutine bien cochonne et d'être ensuite rongé par la culpabilité ? La prochaine fois, faites-moi plaisir et succombez à celle-ci. Avec tout autant de plaisir, mais sans scrupules !

Si vous manquez de temps, ne boudez pas votre plaisir pour autant. Remplacez votre fond de veau corsé par le fond de veau congelé de votre boucher, puis laissez réduire un peu et assaisonnez au goût. La sauce demi-glace du commerce pourra aussi faire l'affaire.

TEMPS DE PRÉPARATION
30 minutes
TEMPS DE CUISSON
30 minutes
COÛT
faible
PORTIONS
2

SAUCE AU BEURRE D'ARACHIDE
TEMPS DE PRÉPARATION
5 minutes
TEMPS DE CUISSON
10 minutes
PORTIONS
4

PILONS DE POULET FRITS AUX ARACHIDES, SAUCE AU BEURRE D'ARACHIDE

INGRÉDIENTS

6 pilons de poulet sans peau

Assez d'huile d'arachide pour la friture

75 g (½ tasse) de farine tout usage

1 c. à café (1 c. à thé) de poudre d'ail

½ c. à café (½ c. à thé) de levure chimique (poudre à pâte)

2 gros œufs

2 c. à soupe d'eau

Une pincée de sel, de poivre et de paprika

80 g (⅔ tasse) de chapelure maison

80 g (⅔ tasse) d'arachides, concassées

1 c. à café (1 c. à thé) de sel d'oignon

1 c. à café (1 c. à thé) d'origan séché

250 ml (1 tasse) de sauce au beurre d'arachide (recette ci-après)

SAUCE AU BEURRE D'ARACHIDE

1 c. à soupe d'huile de sésame grillé

1 échalote, hachée

2 gousses d'ail, hachées

1 c. à soupe de gingembre frais, haché

1 boîte de 400 ml (14 oz) de lait de coco de qualité supérieure (Thai Kitchen)

125 à 175 ml (½ à ¾ tasse) de beurre d'arachide crémeux

2 c. à café (2 c. à thé) de vinaigre de riz

2 c. à café (2 c. à thé) de cassonade

1 c. à café (1 c. à thé) de sauce de poisson (nuoc mâm)

1 c. à café (1 c. à thé) de sel

Une pincée de chili broyé

3 à 4 c. à soupe de bouillon de poulet

PRÉPARATION

1 Dans une casserole d'eau bouillante, blanchir les pilons de poulet 15 minutes. Égoutter et bien éponger. Réserver.

2 Préchauffer l'huile à 180 °C (350 °F).

3 Dans un sac en plastique, mettre la farine, la poudre d'ail et la levure chimique. Bien mélanger.

4 Dans un bol, mélanger les œufs, l'eau, le sel, le poivre et le paprika.

5 Dans une autre assiette, mettre la chapelure, les arachides, le sel d'oignon et l'origan. Bien mélanger. Paner les pilons à l'anglaise un à un (farine, œuf, chapelure).

6 Cuire à grande friture en première cuisson de 2 à 3 minutes. Égoutter et cuire une seconde fois comme pour des frites. Égoutter sur du papier absorbant. Servir avec la sauce au beurre d'arachide.

SAUCE AU BEURRE D'ARACHIDE

1 Chauffer l'huile dans une grande poêle antiadhésive. Faire sauter les échalotes, l'ail et le gingembre pendant 2 minutes. Verser le lait de coco et bien mélanger. Ajouter le reste des ingrédients et porter à ébullition. Baisser le feu et réserver.

TEMPS DE PRÉPARATION
15 minutes
TEMPS DE CUISSON
10 minutes
COÛT
élevé
PORTIONS
4

FISH AND CHIPS DE HOMARD ULTRACROUSTILLANT

INGRÉDIENTS

60 g (¼ tasse) de beurre à l'ail, fondu

4 homards, cuits et coupés en morceaux (réserver la carapace pour un fumet de homard)

PÂTE À FRIRE

225 g (1 ½ tasse) de farine blanche non blanchie

Fleur de sel, au goût

1 jaune d'œuf

375 ml (1 ½ tasse) d'eau glacée

126
127

PRÉPARATION

1 Dans une casserole, faire fondre le beurre à l'ail, ajouter les morceaux de homard et laisser mariner de 5 à 10 minutes. Réserver.

2 Dans un bol, mélanger la farine et la fleur de sel. Ajouter le jaune d'œuf, puis verser l'eau glacée d'un coup. Fouetter légèrement et réserver.

3 Chauffer l'huile à 180 °C (350 °F). Tremper les morceaux de homard dans la pâte tempura et bien secouer pour enlever l'excédent. Plonger immédiatement dans l'huile chaude et cuire de 2 à 3 minutes.

4 Égoutter sur du papier absorbant. Servir avec des frites et de la mayonnaise parfumée au goût.

De la panure et de la friture pour la délicate et coûteuse chair de homard? Sceptiques? Outrés? Légèrement marinée dans du beurre à l'ail et enrobée d'une légère panure, elle libérera toute sa saveur après un plongeon dans la friteuse. Si vous ne me croyez pas sur parole, accordez-vous le plaisir d'y goûter!

TEMPS DE PRÉPARATION
10 minutes
TEMPS DE MACÉRATION
2 heures
TEMPS DE CUISSON
1 h 30
COÛT
moyen
PORTIONS
4

CÔTES LEVÉES FONDANTES AUX POMMES, AU BRANDY ET À L'ÉRABLE

INGRÉDIENTS

1,5 kg (3 lb) de côtes levées de dos de porc

MARINADE

80 ml (⅓ tasse) de compote de pommes

60 ml (¼ tasse) de brandy

2 c. à soupe de moutarde de Dijon

4 gousses d'ail, hachées finement

60 ml (¼ tasse) de sirop d'érable

60 g (¼ tasse) de cassonade

½ c. à café (½ c. à thé) de fumée liquide de hickory

60 ml (¼ tasse) de jus de citron

Sel et poivre du moulin, au goût

PRÉPARATION

1 Faire bouillir à feu doux les côtes levées de porc dans environ 1,5 litre (6 tasses) d'eau salée pendant 1 h 30. Égoutter et éponger les côtes levées.

2 Pendant ce temps, mélanger tous les ingrédients qui composent la marinade dans une petite casserole. Chauffer et réduire à feu moyen une dizaine de minutes en fouettant à quelques reprises. Laisser refroidir la marinade et réserver.

3 Badigeonner généreusement les côtes levées de marinade. Laisser mariner de 4 à 6 heures au réfrigérateur. (Plus on les laissera mariner longtemps, plus elles auront de goût.)

4 Mettre les côtes levées sur la grille du barbecue et cuire à feu moyen 15 minutes de chaque côté en les badigeonnant et en les retournant à quelques reprises pendant la cuisson. On peut aussi les cuire sur une plaque environ 15 minutes de chaque côté dans le four préchauffé à 190 °C (375 °F).

TEMPS DE PRÉPARATION
30 minutes
TEMPS DE CUISSON
1 h 15
COÛT
moyen
PORTIONS
4 à 6

PAIN DE VIANDES SAUVAGES AUX CHAMPIGNONS ET AU FROMAGE

INGRÉDIENTS

2 c. à soupe de beurre

1 c. à soupe d'huile végétale

500 g (2 tasses) de champignons mélangés (shiitake, café et portobellos), en morceaux

200 g (1 tasse) de poireaux, ciselés

Fleur de sel et poivre du moulin, au goût

240 g (½ lb) de chevreuil haché

240 g (½ lb) de bison haché

240 g (½ lb) de cheval haché

240 g (½ lb) de porc haché

400 g (2 tasses) d'oignons rouges, coupés finement

2 échalotes, ciselées finement

1 gousse d'ail, hachée finement

1 c. à café (1 c. à thé) de sel

1 c. à café (1 c. à thé) de poivre

3 œufs

300 ml (1¼ tasse) de lait

60 g (½ tasse) de chapelure

30 g (¼ tasse) de parmesan, râpé

60 g (½ tasse) de cheddar moyen, en cubes

60 ml (¼ tasse) de crème 35 %

Fleur de sel, au goût

130
—
131

PRÉPARATION

1 Chauffer le beurre et l'huile dans une poêle. Faire sauter les champignons de 5 à 10 minutes, jusqu'à ce que leur eau de végétation soit évaporée et qu'ils aient une belle coloration. Ajouter les poireaux et faire suer de 3 à 5 minutes. Assaisonner et réserver.

2 Dans un grand bol, mettre les viandes hachées, les oignons, les échalotes et l'ail. Assaisonner et bien mélanger avec les mains. Ajouter les œufs, la moitié du lait, la chapelure et le parmesan. Bien mélanger avec les mains. Ajouter les champignons, le cheddar et le reste du lait. Assaisonner et mélanger.

3 Former un pain de viande dans un plat de cuisson. Cuire au four à 180 °C (350 °F) de 1 h à 1 h 15 (température interne de 70 °C/160 °F). Laisser reposer 10 minutes.

4 Retirer le jus de cuisson, le dégraisser et le porter à ébullition dans une casserole. Mouiller avec la crème et rectifier l'assaisonnement en fleur de sel et en poivre.

5 Servir une tranche de pain de viande par assiette et napper de sauce. Accompagner de légumes verts cuits à la vapeur et d'une tranche de pain beurrée.

Difficile de vous procurer les viandes sauvages pour cette recette ? Alors, imaginez votre propre mélange. Il vaudra bien le mien ! Assaisonnez-le avec les mêmes condiments et je vous assure que le résultat sera tout aussi exquis.

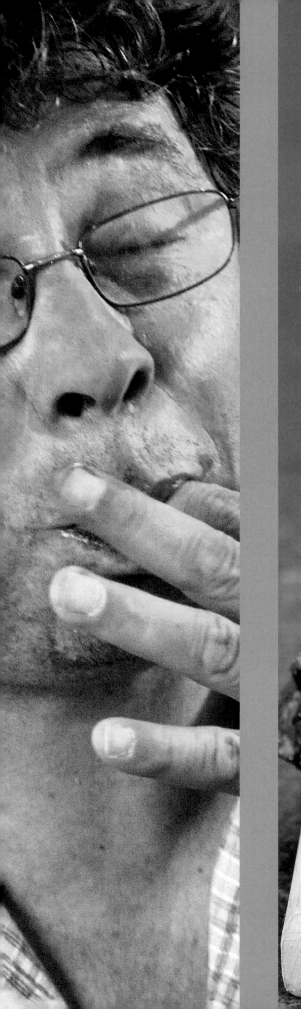

TEMPS DE PRÉPARATION
10 minutes
TEMPS DE CUISSON
2 heures
COÛT
moyen
PORTIONS
2

CARAMEL À LA FLEUR DE SEL
TEMPS DE PRÉPARATION
10 minutes
TEMPS DE CUISSON
15 à 20 minutes
RENDEMENT
environ 250 ml (1 tasse)

CÔTES LEVÉES AU CARAMEL À LA FLEUR DE SEL

INGRÉDIENTS

2 longueurs de côtes levées de dos *(baby back ribs)*

Assez d'eau pour couvrir

1 petite mirepoix (1 carotte, 1 oignon, 1 branche de céleri)

500 ml (2 tasses) de caramel à la fleur de sel (recette ci-après)

CARAMEL À LA FLEUR DE SEL

175 ml (¾ tasse) de crème 35 %

180 g (¾ tasse) de sucre

2 c. à soupe d'eau

1 grosse c. à soupe de beurre froid, en dés

1 à 2 pincées de fleur de sel

2 pincées de piment d'Espelette

PRÉPARATION

1 Mettre les côtes levées dans une casserole et couvrir d'eau. Ajouter la mirepoix. Porter à ébullition et cuire doucement avec légers bouillons pendant 2 h. Égoutter et bien éponger.

2 Couper les côtes levées en trois morceaux et les mettre dans un sac en plastique. Verser une recette de caramel à la fleur de sel dans le sac. Fermer hermétiquement et laisser mariner de 2 à 4 heures au réfrigérateur.

3 Bien égoutter la viande. Porter la marinade à ébullition et réserver.

4 Préchauffer le four à *broil*. Étaler les côtes sur une plaque à biscuits. Badigeonner de sauce caramel et cuire sous le gril de 3 à 5 minutes. Retourner et badigeonner de nouveau de sauce caramel. Répéter cette opération deux autres fois.

CARAMEL À LA FLEUR DE SEL

1 Dans une casserole, porter la crème à ébullition. Réserver.

2 Dans une casserole à fond épais, porter le sucre et l'eau à ébullition sans remuer jusqu'à belle couleur ambrée (ou plus foncée pour un goût de caramel plus prononcé).

3 Retirer du feu. Ajouter le beurre en remuant sans cesse. Ajouter la crème chaude, la fleur de sel et le piment et bien remuer pour faire l'émulsion.

4 Mettre en pot et laisser reposer à température ambiante avant de mettre au froid.

132
133

TEMPS DE PRÉPARATION

15 minutes

TEMPS DE CUISSON

1 h 20 (pommes de terre :
60 min ; bacon : 5 min ; pelures : 15 min)

TEMPS DE REFROIDISSEMENT

au moins 1 heure (pour les pommes
de terre cuites au four)

COÛT

faible

RENDEMENT

30 morceaux

INGRÉDIENTS

5 pommes de terre blanches longues,
    bien brossées (environ 1 kg/2 lb)

5 c. à soupe de beurre à l'ail, fondu
    (ou de beurre demi-sel mélangé à
    2 grosses gousses d'ail écrasées)

12 tranches de bacon, cuites jusqu'à
    ce qu'elles commencent tout juste
    à colorer, puis hachées finement

3 c. à soupe de ciboulette fraîche,
    ciselée

120 g (1 tasse) de cheddar mi-fort,
    râpé

Piment de Cayenne ou paprika fumé,
    au goût

Sel et poivre du moulin, au goût

134
—
135

PRÉPARATION

1 Préchauffer le four à 180 °C (350 °F).

2 Piquer les pommes de terre à plusieurs endroits avec une four-chette et les cuire environ 1 h au centre du four, jusqu'à ce qu'elles soient très tendres.

3 Retirer les pommes de terre du four et laisser refroidir au moins 1 heure avant de les couper en deux sur la longueur et de les évider en conservant environ 6 mm (¼ po) de chair sur la peau pour qu'elles se tiennent bien.

4 Préchauffer le four à 230 °C (450 °F).

5 À l'aide d'un couteau affûté ou d'un ciseau, couper les pelures en trois sur la longueur et les ranger sur une grande plaque de cuisson en les serrant le plus près possible les unes contre les autres sans les superposer. Badigeonner de beurre à l'ail, garnir de bacon, de ciboulette et de fromage, puis saupoudrer de piment de Cayenne. Saler et poivrer au goût.

6 Cuire au centre du four de 15 à 18 minutes, jusqu'à ce que les pelures soient bien colorées et croustillantes. Servir immédiate-ment.

Vous pouvez utiliser un reste de pommes de terre cuites au four pour cette recette ou faire cuire les pommes de terre un ou deux jours à l'avance.

TEMPS DE PRÉPARATION
15 minutes
TEMPS DE CUISSON
20 minutes
COÛT
faible
PORTIONS
2

SAUCE DIJONNAISE
TEMPS DE PRÉPARATION
10 minutes
TEMPS DE CUISSON
10 à 15 minutes
PORTIONS
2 à 4

POUTINE AU VIEUX CHEDDAR ET AUX LARDONS, SAUCE DIJONNAISE

INGRÉDIENTS

60 g (½ tasse) de lardons

Assez d'huile végétale pour la friture

1 recette de sauce dijonnaise (recette ci-après)

4 grosses pommes de terre jaunes, pelées et coupées en julienne

Fleur de sel, au goût

240 g (8 oz) de cheddar vieilli, râpé

SAUCE DIJONNAISE

2 c. à soupe de beurre

1 échalote, ciselée

3 c. à soupe de vermouth

250 ml (1 tasse) de crème 35 %

Fleur de sel et poivre du moulin, au goût

1 à 2 c. à soupe de moutarde de Dijon

PRÉPARATION

1 Dans une poêle antiadhésive, faire sauter les lardons environ 5 minutes, jusqu'à belle coloration. Égoutter sur du papier absorbant et réserver.

2 Préchauffer la friteuse à 160 °C (325 °F). Chauffer la sauce et réserver. Blanchir les pommes de terre pour une première cuisson de 3 à 5 minutes et égoutter. Cuire pour une deuxième cuisson pendant 5 minutes et égoutter. Assaisonner de fleur de sel.

3 Dans une assiette, mettre les frites, les lardons, le fromage et la sauce. Servir immédiatement.

SAUCE DIJONNAISE

1 Chauffer le beurre dans une poêle. Faire suer les echalotes de 2 à 3 minutes. Déglacer avec le vermouth. Mouiller avec la crème, porter à ébullition et laisser réduire du tiers. Ajouter la fleur de sel et le poivre.

2 Retirer du feu, ajouter la moutarde et bien mélanger.

TEMPS DE PRÉPARATION
15 minutes
TEMPS DE CUISSON
1 h 30
COÛT
moyen
PORTIONS
4

PAIN DE VIANDE À LA TOSCANE

INGRÉDIENTS

480 g (1 lb) de bœuf haché mi-maigre

480 g (1 lb) de veau haché

80 ml (⅓ tasse) de sauce chili ou de ketchup

60 g (½ tasse) de chapelure italienne

40 g (⅓ tasse) de noisettes, grillées et grossièrement hachées

60 g (½ tasse) de parmesan, fraîchement râpé

2 œufs entiers, battus

1 petit oignon, haché finement

4 gousses d'ail, fraîchement pressées

2 c. à café (2 c. à thé) d'origan séché

2 c. à soupe de pesto

1 boîte de tomates italiennes en dés, parfaitement égouttées

6 c. à soupe de parmesan, fraîchement râpé

4 c. à soupe de ketchup

250 ml (1 tasse) de sauce tomate aux fines herbes maison ou du commerce, chaude (facultatif)

138
139

PRÉPARATION

1 Préchauffer le four à 180 °C (350 °F).

2 Dans un grand bol, mélanger tous les ingrédients à l'exception des tomates, de la deuxième portion de parmesan, de la deuxième portion de ketchup et de la sauce tomate.

3 Incorporer délicatement les tomates et verser dans un moule à pain légèrement graissé. Badigeonner avec le ketchup restant et saupoudrer avec le reste du parmesan.

4 Cuire au four pendant 1 h 30.

5 Démouler et servir quelques tranches sur un lit de sauce tomate.

TEMPS DE PRÉPARATION
20 minutes
TEMPS DE CUISSON
30 minutes
COÛT
faible
PORTIONS
4 ou 5

PÂTÉ CHINOIS AU BŒUF ET AUX CHAMPIGNONS SAUTÉS

INGRÉDIENTS

1 kg (2 lb) de pommes de terre, pelées et coupées en bouchées

2 c. à soupe de beurre

240 g (½ lb) de champignons blancs, hachés très finement (duxelles)

750 g (1 lb 9 oz) de bœuf haché maigre

¾ c. à café (¾ c. à thé) de thym séché

1 c. à soupe de sauce Worcestershire

½ poivron jaune, en petits dés

2 grosses gousses d'ail, écrasées

250 ml (1 tasse) de consommé de bœuf

60 g (¼ tasse) de tomates séchées dans l'huile, hachées finement

120 g (4 oz) de fromage à la crème, en petits dés

3 c. à soupe de beurre

125 ml (½ tasse) de lait

Sel et poivre du moulin, au goût

4 c. à soupe de ciboulette, finement ciselée

PRÉPARATION

1 Préchauffer le four à 200 °C (400 °F).

2 Cuire les pommes de terre à la vapeur jusqu'à ce qu'elles soient bien tendres.

3 Pendant ce temps, dans une grande poêle préchauffée à feu moyen-élevé, faire revenir les champignons dans la première quantité de beurre jusqu'à ce qu'ils aient rendu leur eau et qu'ils commencent à colorer. Réserver dans une assiette.

4 Remettre la poêle sur le feu, ajouter le bœuf et le thym et cuire en remuant jusqu'à ce que le liquide rendu par la viande se soit évaporé. Ajouter la sauce Worcestershire, les poivrons et l'ail et cuire en remuant de 2 à 3 minutes, jusqu'à ce que la viande soit colorée.

5 Réduire la chaleur à feu doux. Déglacer avec le consommé. Ajouter les champignons et les tomates séchées et laisser mijoter 5 minutes. Retirer la poêle du feu. Ajouter le fromage et mélanger jusqu'à ce qu'il soit fondu et bien amalgamé. Couvrir et réserver au chaud.

6 Piler vigoureusement les pommes de terre, ajouter la seconde quantité de beurre, le lait, le sel et le poivre. Bien mélanger. Ajouter un peu plus de lait au besoin pour obtenir la texture désirée.

7 Répartir la purée dans les assiettes, couvrir avec le mélange de viande et garnir de ciboulette au goût. Servir immédiatement.

On s'entend, ce pâté n'a rien de sorcier ni de chinois. S'il existe autant de versions de ce plat tout simple, c'est qu'on ne s'en lasse pas. En voici donc une de plus !

TEMPS DE PRÉPARATION
15 minutes
TEMPS DE CUISSON
2 heures
COÛT
moyen
PORTIONS
4 à 6

BŒUF STROGANOFF TRIPLE CRÈME

INGRÉDIENTS

2 c. à soupe de beurre

2 c. à soupe d'huile d'olive

1 kg (2 lb) de bœuf, émincé

4 gousses d'ail, émincées

6 échalotes, hachées finement

250 g (1 lb) de champignons de Paris, émincés

Sel et poivre

125 ml (½ tasse) de vin blanc sec

1 litre (4 tasses) de bouillon de bœuf

2 c. à soupe de beurre manié

1 c. à café (1 c. à thé) de thym séché

1 c. à café (1 c. à thé) de romarin séché

2 feuilles de laurier

125 ml (½ tasse) de crème 35 %

1 jaune d'œuf, battu

2 c. à café (2 c. à thé) de moutarde de Dijon

100 g (4 oz) de fromage brie triple crème, sans la croûte et coupé en cubes

1 c. à café (1 c. à thé) de paprika

Persil frais, haché

PRÉPARATION

1 Dans une poêle à frire munie d'un couvercle, faire fondre le beurre avec l'huile. En procédant par petite quantité à la fois, saisir le bœuf à feu vif environ 5 minutes. (La viande doit être saisie et non bouillie.) Réserver.

2 Dans la même poêle, faire dorer l'ail, les échalotes et les champignons pendant 5 minutes. Saler et poivrer au goût. Déglacer avec le vin blanc et laisser réduire 3 minutes.

3 Mouiller avec le bouillon. Incorporer le beurre manié en fouettant un peu. Assaisonner de thym, de romarin et de laurier. Ajouter le bœuf et mélanger délicatement. Couvrir et laisser mijoter à feu moyen pendant 1 h 30.

4 Dans un petit bol, fouetter la crème avec le jaune d'œuf et la moutarde de Dijon. Incorporer au mélange de bœuf en fouettant énergiquement. Chauffer 5 minutes. Ajouter le brie et chauffer encore 3 minutes. Rectifier l'assaisonnement.

5 Servir fumant dans des assiettes creuses en saupoudrant d'un peu de paprika et de persil frais.

Quand j'étais plus jeune, le bœuf Stroganoff de ma mère était pour moi ce qui se faisait de mieux. Pour mes papilles de jeune gourmand, c'était la quintessence de la gastronomie. Voici donc, inspirée de mes souvenirs, ma version *coupable* de ce grand classique.

TEMPS DE PRÉPARATION
15 minutes
TEMPS DE CUISSON
1 h 20
COÛT
faible
PORTIONS
4

POMMES DE TERRE FARCIES FAÇON RACLETTE

INGRÉDIENTS

4 grosses pommes de terre avec la pelure, bien brossées

150 g (5 oz) de fromage à raclette, râpé

4 c. à soupe de beurre

1 jaune d'œuf

150 g (5 oz) de viande des Grisons, tranchée finement et émincée

60 ml (¼ tasse) de crème champêtre 15 %

1 c. à soupe de moutarde de Dijon

2 petits cornichons à l'aneth, en petits dés

2 c. à café (2 c. à thé) de paprika fumé

Sel et poivre du moulin, au goût

Crème sure, au goût

Ciboulette, finement hachée, au goût

PRÉPARATION

1 Préchauffer le four à 190 °C (375 °F).

2 Piquer les pommes de terre ici et là. Sur une plaque recouverte de papier d'aluminium, mettre les pommes de terre au four environ 1 heure, jusqu'à ce qu'elles soient bien cuites.

3 Couper chaque pomme de terre en deux et retirer la chair à l'aide d'une cuillère en prenant soin de ne pas percer la pelure. Réserver les pelures et mélanger la chair avec tous les autres ingrédients, sauf le paprika, le sel et le poivre. Saler et poivrer au goût.

4 Farcir les pelures de pommes de terre avec la préparation. Saupoudrer de paprika. Ranger le tout sur une plaque recouverte de papier d'aluminium et faire dorer au four pendant 20 minutes. Servir bien chaud et garnir de crème sure et de ciboulette, au goût.

CÔTE DE BŒUF FAÇON SMOKED MEAT DE MONTRÉAL

TEMPS DE PRÉPARATION
20 minutes
TEMPS DE MACÉRATION
3 jours
TEMPS DE CUISSON
4 à 5 heures
COÛT
moyen
PORTIONS
6 à 8

INGRÉDIENTS

120 g (½ tasse) d'épices pour bifteck

120 g (½ tasse) d'épices pour
  marinade

2 c. à soupe de mignonnette de
  4 poivres concassés

1 c. à café (1 c. à thé) de fleur de sel

60 g (¼ tasse) de cassonade

2 c. à café (2 c. à thé) de thym

2 c. à soupe de poudre d'ail

¾ c. à café (¾ c. à thé) de salpêtre
  (facultatif)

1 côte de bœuf de 4,5 kg (10 lb)
  coupée en colliers de 4 os
  de 5 à 8 cm (2 à 3 po) d'épaisseur
  ou la même quantité de côtes
  levées de bœuf

PRÉPARATION

1 Mélanger toutes les épices, les aromates et le salpêtre dans un
bol.

2 Étendre une grande feuille de papier d'aluminium sur une plaque
de cuisson. Étaler ensuite une autre grande feuille perpendiculaire-
ment sur la même plaque.

3 Étaler la moitié du mélange d'épices sur la deuxième feuille de
papier d'aluminium. Mettre les côtes de bœuf sur les épices.
Couvrir avec l'autre moitié des épices. Recouvrir et envelopper le
plus hermétiquement possible avec les feuilles d'aluminium.
Laisser mariner 3 jours au réfrigérateur.

4 Préchauffer le four à 120 °C (250 ºF).

5 Cuire la viande de 4 à 5 heures dans le papier d'aluminium. Pour
savoir si elle est prête, ouvrir un petit coin d'une des papillotes et
vérifier si elle se détache bien à la fourchette. Laisser reposer au
moins 30 minutes dans le papier d'aluminium avant de servir.

Pour l'incorrigible carnivore que
je suis, le *smoked meat* est une
des plus merveilleuses créations
culinaires de ce monde. Voici
mon interprétation de ce grand
classique montréalais.

TEMPS DE PRÉPARATION
15 minutes

TEMPS DE CUISSON
30 minutes

COÛT
faible

RENDEMENT
9 petits gâteaux

INGRÉDIENTS

625 g (1 ¼ lb) de mélange de porc, de bœuf et de veau hachés

80 g (⅔ tasse) de chapelure aux fines herbes

2 c. à soupe de flocons d'oignons déshydratés

2 gros œufs

60 g (¼ tasse) de compote de pommes

1 c. à café (1 c. à thé) de sel

1 ½ c. à café (1 ½ c. à thé) d'épices pour bifteck

1 c. à soupe de sauce barbecue

300 g (1 ½ tasse) de dés de chair de chorizo grillé

GLAÇAGE TOMATE-GINGEMBRE

125 ml (½ tasse) de ketchup

4 c. à soupe de pâte de tomates à l'ail et aux épices

2 c. à café (2 c. à thé) de gingembre frais, râpé

2 c. à soupe de tamari

1 c. à soupe de miel

PRÉPARATION

1 Préchauffer le four à 180 °C (350 °F).

2 Dans un grand bol, mélanger intimement tous les ingrédients, sauf la chair à saucisse.

3 Incorporer la chair de chorizo par petites touches. Répartir le mélange dans 9 cavités d'un moule à muffins en façonnant le dessus de chaque portion en forme arrondie comme pour un petit gâteau cuit.

4 Dans un bol, fouetter les ingrédients du glaçage tomate-gingembre.

5 Cuire 30 minutes au centre du four. Retirer du four et laisser reposer 5 minutes avant de démouler. Servir les petits gâteaux nappés avec le glaçage tomate-gingembre.

148
149

TEMPS DE PRÉPARATION
15 minutes
TEMPS DE MARINAGE
2 heures
TEMPS DE CUISSON
1 h 30
COÛT
moyen
PORTIONS
2

MARINADE SÈCHE POUR BARBECUE
TEMPS DE PRÉPARATION
15 minutes
RENDEMENT
environ 125 ml (½ tasse)

CÔTES LEVÉES AUX ÉPICES FRITES

INGRÉDIENTS

2 longueurs de côtes levées de dos *(baby back ribs)*

Assez d'eau froide pour couvrir

1 recette de marinade sèche (recette ci-après)

Assez d'huile végétale pour la friture

Mayonnaises maison assaisonnées au choix

MARINADE SÈCHE POUR BARBECUE

120 g (½ tasse) de cassonade

60 g (¼ tasse) de sel marin

60 g (¼ tasse) de poivre noir concassé

1 c. à soupe de graines de coriandre moulues

1 c. à soupe de graines de moutarde

1 c. à soupe de fenouil

1 c. à soupe d'aneth séché

1 c. à café (1 c. à thé) de zeste de citron, râpé

2 c. à soupe de poudre d'oignons déshydratés

2 c. à soupe de paprika fumé

1 c. à café (1 c. à thé) de poudre d'ail déshydraté

150
—
151

PRÉPARATION

1 Mettre les côtes levées dans une grande casserole et couvrir d'eau froide. Porter à ébullition. Cuire doucement pendant 1 h 30. Égoutter et bien éponger. Couper individuellement les côtes levées.

2 Enrober les côtes levées de marinade sèche. Laisser mariner pendant 2 heures. Préchauffer l'huile à 160 °C (325 °F) dans la friteuse. Cuire à grande friture de 3 à 5 minutes. Servir avec des mayonnaises au choix.

MARINADE SÈCHE POUR BARBECUE

1 Mélanger tous les ingrédients dans un bol.

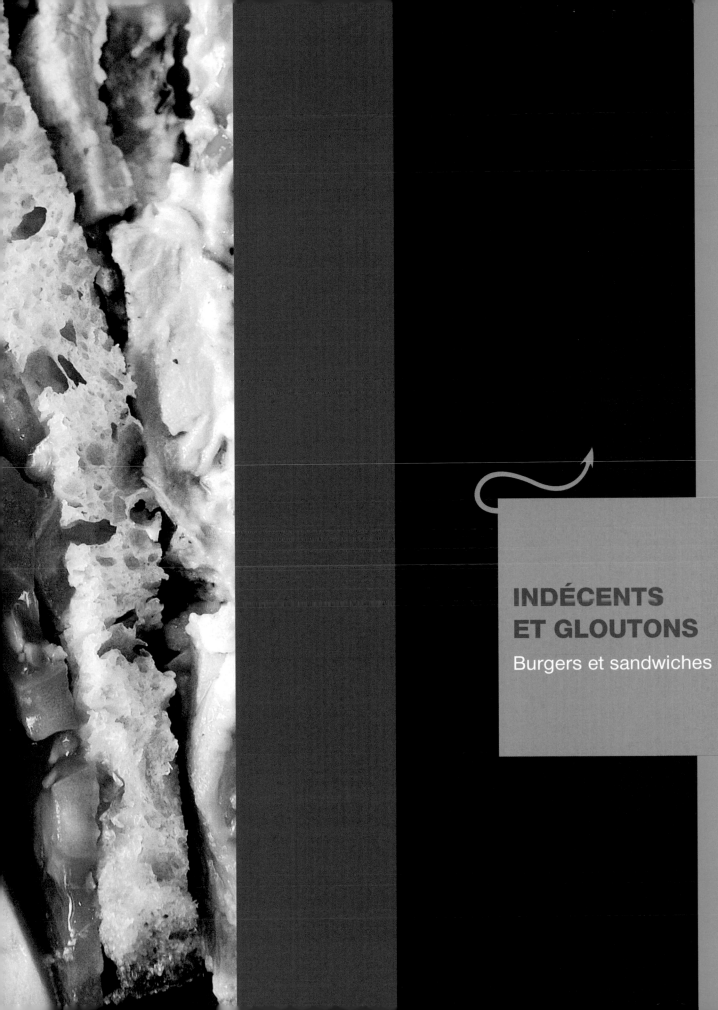

INDÉCENTS
ET GLOUTONS

Burgers et sandwiches

BURGERS AU GÂTEAU DE CRABE SÉSAME-GINGEMBRE ET SALADE DE WAKAMÉ

INGRÉDIENTS

240 g (8 oz) de chair de crabe, effilochée

2 oignons verts, ciselés finement

125 ml (½ tasse) de mayonnaise

2 c. à soupe de sauce soja

2 c. à soupe de pâte de wasabi (raifort japonais)

1 c. à café (1 c. à thé) de zeste de citron vert, râpé finement

½ c. à café (½ c. à thé) de gingembre frais, râpé finement

1 c. à soupe de poivrons rouges, en brunoise

90 g (¾ tasse) de chapelure

2 œufs

75 g (½ tasse) de farine blanche tout usage

½ c. à café (½ c. à thé) de sel

½ c. à café (½ c. à thé) de poivre du moulin

2 gros œufs

2 c. à soupe d'eau

30 g (¼ tasse) de graines de sésame

Assez d'huile végétale pour la friture

4 petits pains empereur (Kaiser), grillés

Salade de wakamé et gingembre mariné pour la garniture

156
⎯
157

PRÉPARATION

1 Dans un bol, émietter la chair de crabe à l'aide d'une fourchette. Ajouter les oignons verts, la moitié de la mayonnaise, la sauce soja, ½ c. à soupe de pâte de wasabi, le zeste, le gingembre et les poivrons. Bien mélanger.

2 Ajouter 30 g (¼ tasse) de chapelure et 2 œufs. Bien mélanger de nouveau, couvrir et réfrigérer pendant 1 heure.

3 Pendant ce temps, dans un petit bol, mélanger le reste de la mayonnaise et le reste du wasabi. Réserver.

4 Utiliser trois assiettes. Dans la première, mélanger la farine, le sel et le poivre. Dans la deuxième, bien mélanger les 2 gros œufs et l'eau. Dans la troisième, mélanger le reste de la chapelure et les graines de sésame.

5 Diviser la préparation au crabe en quatre portions de même grosseur. Former 4 boules et les aplatir.

6 Paner les galettes à l'anglaise en les passant successivement dans la farine, les œufs, puis la chapelure.

7 Chauffer l'huile à friture à 180 °C (350 °F) et frire 2 minutes de chaque côté. Éponger sur du papier absorbant.

8 Servir dans les pains avec la salade de wakamé et du gingembre mariné ou en amuse-bouche avec la mayonnaise au wasabi.

TEMPS DE PRÉPARATION
30 minutes
TEMPS DE CUISSON
20 minutes
COÛT
moyen
PORTIONS
2

PÂTE TEMPURA
TEMPS DE PRÉPARATION
2 minutes
PORTIONS
2 à 4

SAUCE ORANGE-CITRON VERT-GINGEMBRE
TEMPS DE PRÉPARATION
5 minutes
PORTIONS
2 à 4

ROLL UP DE POULET-AVOCAT EN PÂTE TEMPURA, SAUCE ORANGE-CITRON VERT-GINGEMBRE

INGRÉDIENTS

1 c. à soupe d'huile végétale

1 c. à café (1 c. à thé) de vinaigre de riz

1 c. à café (1 c. à thé) de sauce soja

1 c. à café (1 c. à thé) de gingembre frais, haché

Sel et poivre au goût

1 recette de sauce orange-citron vert-gingembre (recette ci-après)

1 recette de pâte tempura (recette ci-après)

Assez d'huile végétale pour la friture

4 filets de poulet

2 feuilles d'algue nori

1 avocat, coupé en quatre

1 oignon vert, en fine julienne

1 carotte, en fine julienne

PÂTE TEMPURA

1 jaune d'œuf

375 ml (1 ½ tasse) de 7 Up

225 g (1 ½ tasse) de farine

1 ou 2 pincées de fleur de sel, au goût

SAUCE ORANGE-CITRON VERT-GINGEMBRE

2 c. à soupe de jus de citron vert, fraîchement pressé

2 c. à soupe de jus d'orange, fraîchement pressé

2 c. à soupe de sauce de poisson (nuoc mâm)

3 ½ c. à soupe de sucre

2 c. à café (2 c. à thé) de gingembre frais, haché

1 c. à café (1 c. à thé) d'ail, haché finement

½ c. à café (½ c. à thé) de zeste de citron vert, râpé

½ c. à café (½ c. à thé) de sambal oelek (pâte de piment)

158
159

PRÉPARATION

1 Dans un bol, mélanger l'huile, le vinaigre, la sauce soja, le gingembre, le sel et le poivre. Laisser mariner pendant 1 heure.

2 Pendant ce temps, préparer la sauce orange-citron vert-gingembre. Préparer ensuite la pâte tempura.

3 Préchauffer la friteuse à 160 °C (325 °F). Dans une poêle antiadhésive, saisir les filets de poulet bien égouttés pendant 2 minutes. Déglacer avec la marinade et cuire 1 minute. Réserver.

4 Sur chaque feuille d'algue, mettre deux filets de poulet, deux morceaux d'avocat, un peu d'oignons verts et un peu de carottes. Former deux rouleaux et les tremper dans la pâte tempura. Cuire dans la friteuse de 3 à 5 minutes.

SAUCE ORANGE-CITRON VERT-GINGEMBRE

1 Dans un bol, mélanger tous les ingrédients jusqu'à ce que le sucre soit complètement dissous. Réserver.

PÂTE TEMPURA

1 Dans un bol, mélanger le jaune d'œuf et le 7 Up. Ajouter la farine d'un coup, puis le sel. Bien mélanger, mais pas trop. Réserver.

TEMPS DE PRÉPARATION
10 minutes
TEMPS DE CUISSON
15 minutes
COÛT
faible
PORTIONS
2

MOSTARDA
TEMPS DE PRÉPARATION
10 minutes
TEMPS DE CUISSON
1 heure
RENDEMENT
environ 500 ml (2 tasses)

GRILLED CHEESE À LA PANCETTA PIQUANTE ET AU GOUDA FUMÉ AVEC MOSTARDA

INGRÉDIENTS

2 c. à soupe de beurre à température ambiante

1 c. à soupe d'huile d'olive

4 tranches de pain au choix (délicieux avec un pain au levain ou au fromage)

6 tranches de pancetta piquante

40 g (⅓ tasse) de gouda fumé, râpé

12 c. à soupe de mostarda (recette ci-après)

MOSTARDA

240 g (1 tasse) de sucre

80 ml (⅓ tasse) de vinaigre de cidre

1 c. à soupe de moutarde de Dijon

1 c. à café (1 c. à thé) de graines de moutarde

Sel et de poivre, au goût

5 pommes, pelées et coupées en 8 quartiers

3 poires, pelées et coupées en 8 quartiers

PRÉPARATION

1 Mélanger le beurre et l'huile. Beurrer les tranches de pain. Mettre la pancetta et le fromage du côté non beurré. Refermer et cuire dans une poêle pendant 5 minutes. Retourner et cuire 5 minutes de plus. Couper le grilled cheese en deux et accompagner de mostarda.

MOSTARDA

1 Chauffer le sucre et le vinaigre dans une casserole. Porter à ébullition. Ajouter la moutarde, les graines de moutarde, le sel et le poivre. Bien mélanger. Ajouter les fruits, réduire le feu pour avoir un léger bouillon et cuire pendant 1 heure.

On peut aussi servir la mostarda avec du fromage et des charcuteries dans un sandwich ou avec de la viande.

TEMPS DE PRÉPARATION
15 minutes
TEMPS DE MACÉRATION
2 heures
TEMPS DE CUISSON
5 minutes
COÛT
moyen
PORTIONS
4

VÉGÉBURGERS AUX PORTOBELLOS GRILLÉS ET AU DUO DE FROMAGES

INGRÉDIENTS

4 beaux gros champignons portobellos

1 poivron rouge, haché finement

1 oignon rouge, haché finement

12 olives Kalamata, dénoyautées et coupées en dés

1 tomate, épépinée et coupée en dés

1 c. à soupe de ciboulette, ciselée finement

150 g (1 tasse) de croûtons à salade César aux fines herbes

120 g (1 tasse) de jarlsberg, râpé

120 g (1 tasse) de cheddar mi-fort, râpé

Condiments, au goût, pour garnir les burgers

4 petits pains empereur (Kaiser)

MARINADE

125 ml (½ tasse) d'huile d'olive

3 gousses d'ail, fraîchement pressées

60 ml (¼ tasse) de vinaigre de vin rouge

1 c. à soupe d'herbes salées

2 c. à café (2 c. à thé) de romarin frais

2 c. à café (2 c. à thé) de thym frais

Sel et poivre du moulin

PRÉPARATION

1 Fouetter ensemble tous les ingrédients de la marinade. Faire mariner les portobellos de 2 à 4 heures au réfrigérateur.

2 Préchauffer le barbecue à intensité moyenne-élevée. Faire griller les portobellos directement sur la grille environ 3 minutes de chaque côté.

3 Pendant ce temps, dans un grand bol, mélanger intimement le reste des ingrédients. Réserver.

4 Retirer les portobellos du barbecue et laisser refroidir 10 minutes. Garnir généreusement les champignons avec le mélange de fromage et de légumes.

5 Cuire les portobellos farcis sur le barbecue, à chaleur indirecte et à couvercle fermé, de 5 à 10 minutes. (La cuisson peut aussi se faire au four à 180 °C (350 °F) de 5 à 10 minutes.)

6 Griller les pains sur une plaque, assembler les burgers et garnir avec les condiments au goût.

CLUB SANDWICH *ALL IN* (PORC, POMME, BACON, AVOCAT) ET MAYONNAISE AUX OIGNONS VERTS

INGRÉDIENTS

3 tranches de pains différents (parisien, levain, grains germés), grillées

2 c. à soupe de beurre

4 c. à soupe de mayonnaise aux oignons verts (recette ci-après)

6 tranches minces d'un restant de filet de porc

1 pomme, en fines tranches

15 g (¼ tasse) de roquette

4 tomates séchées dans l'huile

4 tranches de tomate

4 tranches de bacon, cuites

¼ d'avocat bien mûr, en tranches

Fleur de sel et poivre du moulin, au goût

MAYONNAISE AUX OIGNONS VERTS

1 jaune d'œuf

2 c. à soupe de moutarde de Dijon

250 ml (1 tasse) d'huile végétale

1 c. à soupe de jus de citron

Fleur de sel et poivre au goût

3 oignons verts, ciselés finement

PRÉPARATION

1 Tartiner le pain grillé avec le beurre et la mayonnaise aux oignons verts. Sur la première tranche, mettre la viande, les pommes, la roquette et les tomates séchées. Couvrir avec la deuxième tranche de pain, puis ajouter les tomates, le bacon et l'avocat. Assaisonner au goût et couvrir avec la dernière tranche de pain. Couper en pointes et servir.

MAYONNAISE AUX OIGNONS VERTS

1 Dans un bol, mélanger le jaune d'œuf et la moutarde à l'aide d'un fouet. Verser l'huile en mince filet et remuer sans cesse pour obtenir une belle émulsion. Ajouter le jus de citron et assaisonner au goût. Ajouter les oignons verts, bien remuer et rectifier l'assaisonnement.

GRILLED CHEESE AU TRIO DE CHEDDARS, AUX POMMES CARAMÉLISÉES ET AU BACON

INGRÉDIENTS

3 c. à soupe de sucre

2 c. à soupe d'eau

2 c. à soupe de noix de Grenoble

2 c. à soupe de beurre

1 pomme, en tranches de 6 mm
   (¼ po) d'épaisseur

4 tranches de bacon à l'érable

2 c. à soupe de beurre

30 g (¼ tasse) de cheddar orange,
   râpé

30 g (¼ tasse) de cheddar blanc fort,
   râpé

30 g (¼ tasse) de cheddar de chèvre,
   râpé

PRÉPARATION

1 Porter le sucre et l'eau à ébullition dans une poêle. Laisser réduire quelques minutes, puis ajouter les noix. Mélanger pour bien enrober de sirop. Étaler les noix sur une plaque à biscuits et réserver.

2 Dans la même poêle, faire mousser le beurre avec le sirop résiduel. Ajouter les pommes et cuire 3 minutes de chaque côté. Réserver.

3 Cuire le bacon dans une autre poêle. Réserver les tranches dans une assiette et garder le gras de bacon.

4 Mélanger le beurre avec 1 c. à soupe de gras de bacon. Mélanger les trois fromages dans un bol. Tartiner le pain avec le beurre. Garnir le côté non beurré de fromage, de pommes caramélisées, de noix, de bacon et d'un peu de fromage en plus. Refermer. Cuire dans une poêle pendant 5 minutes. Retourner et cuire 5 minutes de plus.

Une bouchée de ce sandwich et me voici plongé dans mon enfance. L'été, quand ma mère était en panne d'inspiration, elle nous préparait un bon *grilled cheese* débordant de bacon croustillant et de fromage fondant, flanqué d'une tonne de frites maison. Évidemment, j'adooooorais quand ma mère était en panne d'inspiration !

TEMPS DE PRÉPARATION
20 minutes
TEMPS DE CUISSON
5 minutes
COÛT
faible
PORTIONS
6

BURGERS DE PORC HACHÉ FAÇON CÔTES LEVÉES SUCRÉES

INGRÉDIENTS

750 g (1 lb 9 oz) de porc haché maigre

30 g (¼ tasse) de chapelure

60 ml (¼ tasse) de ketchup

3 c. à soupe de sauce teriyaki

3 c. à soupe de consommé de bœuf

2 c. à soupe de miel

1 c. à soupe de sauce Worcestershire

1 c. à soupe de flocons d'oignons déshydratés

Quelques gouttes de tabasco, au goût

1 ½ c. à café (1 ½ c. à thé) d'épices pour bifteck

Sel et poivre du moulin, au goût

3 grosses gousses d'ail, écrasées

6 petits pains empereur (Kaiser)

Beurre mou

168
169

PRÉPARATION

1 Mettre la viande et la chapelure dans un bol.

2 Dans un autre bol, bien mélanger le ketchup, la sauce teriyaki, le consommé, le miel, la sauce Worcestershire, les oignons déshy-dratés, le tabasco, les épices, le sel, le poivre et l'ail. Verser sur la viande et bien amalgamer le tout avec les mains. Façonner 6 belles grosses galettes.

3 Préchauffer une grande poêle antiadhésive à feu moyen-doux. Cuire les galettes de 5 à 7 minutes de chaque côté, jusqu'à ce que la chair ne soit plus rosée. Retirer du feu.

4 Préchauffer un grille-sandwiches. Badigeonner un côté des pains avec un peu de beurre. Déposer les galettes de viande dans les pains, côté beurré vers l'extérieur. Cuire dans le grille-sandwiches de 2 à 3 minutes, jusqu'à ce que les pains soient colorés. Servir immédiatement.

La viande hachée de porc donne à ces burgers un goût riche et savoureux qui rappelle celui des côtes levées sucrées. Si vous désirez un burger moins riche, rien ne vous empêche de remplacer le porc haché par du bœuf haché maigre.

PLAISIRS
COUPABLES

TEMPS DE PRÉPARATION
10 minutes
TEMPS DE CUISSON
15 à 20 minutes
COÛT
moyen
PORTIONS
3

MAYONNAISE AUX DEUX MOUTARDES
TEMPS DE PRÉPARATION
5 minutes
RENDEMENT
Environ 300 ml (1 ¼ tasse)

HOTDOGS À LA SAUCISSE DE TOULOUSE, AU BEAUFORT ET À LA MAYONNAISE AUX DEUX MOUTARDES

INGRÉDIENTS

3 saucisses de Toulouse (retirer l'enveloppe)

3 morceaux de fromage beaufort

2 c. à soupe de beurre

100 g (½ tasse) d'oignons, hachés

1 c. à café (1 c. à thé) de sucre

1 pain baguette, coupé en trois

60 ml (¼ tasse) de mayonnaise aux deux moutardes (recette ci-après)

Verdure au goût (facultatif)

MAYONNAISE AUX DEUX MOUTARDES

1 jaune d'œuf

1 c. à soupe de moutarde de Dijon

1 c. à soupe de moutarde de Meaux

250 ml (1 tasse) d'huile végétale

1 c. à soupe de jus de citron

1 c. à café (1 c. à thé) de miel

Fleur de sel et poivre au goût

PRÉPARATION

1 Aplatir la chair à saucisse et la séparer en trois portions de même grosseur. Mettre un morceau de fromage au milieu de chaque portion. Refermer et former 3 saucisses. Griller sur le barbecue de 10 à 12 minutes.

2 Pendant ce temps, faire fondre le beurre dans une poêle. Faire sauter les oignons pendant 5 minutes. Ajouter le sucre et laisser caraméliser de 3 à 5 minutes. Réserver.

3 Tartiner les morceaux de pain de mayonnaise. Ajouter une saucisse, des oignons et de la verdure dans chacun.

MAYONNAISE AUX DEUX MOUTARDES

1 Dans un bol, mélanger le jaune d'œuf et les moutardes à l'aide d'un fouet. Verser l'huile en mince filet et remuer sans cesse pour obtenir une belle émulsion. Ajouter le jus de citron et le miel, puis assaisonner au goût.

TEMPS DE PRÉPARATION
10 minutes
TEMPS DE CUISSON
10 à 15 minutes
COÛT
moyen
PORTIONS
4

BURGERS À LA CHAIR DE TOULOUSE ET AU BRIE COULANT

172
173

INGRÉDIENTS

200 g (7 oz) de brie, en gros cubes

500 g (1 lb) de bœuf haché mi-maigre

La chair de 3 saucisses de Toulouse

½ petit oignon rouge, haché finement

1 c. à soupe de moutarde de Dijon

1 c. à soupe de pâte de tomates aux fines herbes

2 c. à soupe de persil plat, haché finement

Sel et poivre du moulin

4 petits pains empereur (Kaiser), coupés en deux

Mayonnaise maison, ketchup, moutarde, tomates fraîches, laitue, tranches de cornichons (au goût)

PRÉPARATION

1 Placer les cubes de brie au congélateur pendant 1 à 2 heures.

2 Dans un grand bol, mélanger intimement le bœuf haché, la chair de saucisse, les oignons, la moutarde, la pâte de tomates et le persil. Saler, poivrer et façonner quatre belles grosses galettes.

3 Chauffer le barbecue à intensité maximale pendant environ 5 minutes. Huiler les grilles et baisser le feu à moyen-élevé. Farcir chaque boulette de cubes de brie tout juste sortis du congélateur. Griller les galettes de 5 à 7 minutes de chaque côté ou jusqu'à ce qu'elles soient bien cuites.

4 Faire griller les pains quelques minutes.

5 Garnir chaque pain d'une galette de viande et garnir avec les condiments au goût.

TEMPS DE PRÉPARATION
15 minutes
TEMPS DE CUISSON
1 heure pour les chips et 10 minutes pour le grilled cheese
COÛT
moyen
PORTIONS
2

GRILLED CHEESE AU FROMAGE BLEU, AUX CHIPS DE VIANDE DES GRISONS ET À LA CONFITURE DE FIGUE

INGRÉDIENTS

6 tranches de viande des Grisons
2 c. à soupe de confiture de figue
4 c. à soupe de beurre
4 tranches de pain aux noix
6 c. à soupe de fromage bleu (bleu ermite de préférence)

PRÉPARATION

1 Étaler les tranches de viande des Grisons sur une feuille de papier absorbant et cuire au micro-ondes à allure maximale de 3 à 5 minutes, jusqu'à ce qu'elles soient bien croustillantes. Réserver.

2 Mélanger la confiture avec 2 c. à soupe de beurre dans un bol et réserver. Beurrer les tranches de pain avec le beurre restant d'un côté et les tartiner de beurre de figue de l'autre côté. Mettre le fromage et la viande sur la confiture.

3 Refermer les grilled cheese et cuire dans une poêle pendant 5 minutes. Retourner les grilled cheese et cuire 5 minutes de plus.

BURGERS À L'ITALIENNE

TEMPS DE PRÉPARATION
15 minutes
TEMPS DE CUISSON
15 à 20 minutes
COÛT
moyen
PORTIONS
6

INGRÉDIENTS

750 g (1 ½ lb) de veau haché

2 c. à soupe de persil frais, haché finement

150 g (5 oz) de mozzarella, en petits dés

60 g (½ tasse) de chapelure italienne

60 g (½ tasse) de parmesan, râpé

1 c. à soupe d'origan séché

1 c. à soupe de pâte de tomates aux fines herbes

3 gousses d'ail, hachées finement

2 échalotes, hachées finement

60 ml (¼ tasse) de pesto maison ou du commerce

Sel et poivre du moulin, au goût

6 à 8 pains à hamburger, petits pains empereur (Kaiser) ou demi-pitas

Mayonnaise aux tomates séchées et au basilic (recette ci-après)

MAYONNAISE AUX TOMATES SÉCHÉES ET AU BASILIC

250 ml (1 tasse) de mayonnaise maison ou du commerce

2 c. à soupe de pesto rosso (pesto de tomates séchées)

1 gousse d'ail, fraîchement pressée

1 c. à soupe de moutarde de Dijon

1 c. à café (1 c. à thé) de jus de citron vert

1 c. à soupe de basilic frais, ciselé finement

Sel et poivre du moulin, au goût

176
—
177

PRÉPARATION

1 Préchauffer le barbecue à intensité moyenne.

2 Dans un grand bol, mélanger et pétrir tous les ingrédients, sauf les pains et la mayonnaise. Séparer et façonner le mélange en six boulettes.

3 Sur la grille du barbecue légèrement huilée, cuire les boulettes environ 8 minutes de chaque côté, jusqu'à ce la viande soit bien cuite. Griller les pains.

4 Servir les boulettes sur les pains grillés, puis garnir de mayonnaise et de condiments au goût.

MAYONNAISE AUX TOMATES SÉCHÉES ET AU BASILIC

1 Bien fouetter tous les ingrédients dans un grand bol.

TEMPS DE PRÉPARATION
5 minutes
TEMPS DE CUISSON
25 à 30 minutes
COÛT
moyen
PORTIONS
4 à 6

MÉGADOGS DE TOULOUSE À LA BIÈRE BLONDE, SAUCE DIJON

INGRÉDIENTS

250 ml (1 tasse) de bouillon de volaille

1 bouteille de bière blonde de 355 ml

2 échalotes, hachées finement

2 branches de romarin frais

4 à 6 saucisses de Toulouse ou saucisses italiennes douces

2 c. à soupe de moutarde de Dijon

60 ml (¼ tasse) de crème champêtre 15 %

1 pincée de chili broyé

2 baguettes, coupées en trois

Pousses d'oignon, au goût (facultatif)

PRÉPARATION

1 Dans une grande casserole, mélanger le bouillon, la bière, les échalotes et le romarin. Amener à ébullition et cuire les saucisses 10 minutes. Retirer les saucisses et réserver le bouillon.

2 Préchauffer le barbecue à intensité moyenne-élevée. Huiler la grille et cuire les saucisses environ 5 minutes de chaque côté.

3 Pendant ce temps, incorporer la moutarde, la crème et le chili au jus de cuisson des saucisses. Fouetter un peu et laisser réduire une dizaine de minutes.

4 Griller les baguettes environ 1 minute de chaque côté.

5 Farcir les baguettes avec les saucisses et napper de sauce à la moutarde au goût. Garnir de quelques pousses d'oignon, au goût.

Braisée dans la bière, la saucisse de Toulouse ne se desséchera pas. Grillée au barbecue, elle gagnera en tonus et en saveur. Je n'appelle pas ça un mégadog pour rien ! Une bouchée suffira pour vous convaincre que je n'utilise pas ce superlatif sans raison.

TEMPS DE PRÉPARATION
15 minutes
TEMPS DE CUISSON
20 minutes
COÛT
moyen-élevé
PORTIONS
4

SANDWICHES DE BLANC DE VOLAILLE GRILLÉ AU BRIE ET AU SAUMON FUMÉ

INGRÉDIENTS

4 poitrines de poulet d'environ 125 g (4 oz) chacune

200 g (7 oz) de saumon fumé, en tranches

100 g (3 ½ oz) de brie, en tranches de 1 cm (½ po)

Sel et poivre du moulin, au goût

8 tranches épaisses de pain de miche ou 4 petits pains empereur (Kaiser), coupés en deux

Mayonnaise maison ou du commerce

MARINADE DIJONNAISE AU BASILIC

2 c. à soupe de moutarde de Dijon

1 c. à soupe de pesto

1 c. à soupe de basilic frais, ciselé finement

1 c. à soupe d'huile d'olive extravierge

2 c. à soupe de jus de citron

Sel et poivre du moulin, au goût

CONDIMENTS

Pickles à l'aneth

Roquette

180
—
181

PRÉPARATION

1 Préchauffer le barbecue à intensité élevée.

2 Fouetter ensemble tous les ingrédients de la marinade. Réserver.

3 Ouvrir chaque poitrine de poulet en portefeuille et badigeonner généreusement de marinade. Farcir chaque poitrine de saumon fumé et de brie. Refermer les poitrines et les fixer à l'aide de cure-dents. Saler et poivrer au goût.

4 Réduire l'intensité du barbecue à feu moyen. Mettre les poitrines de poulet directement sur la grille ou sur une feuille d'aluminium et cuire de 5 à 7 minutes de chaque côté en badigeonnant généreusement avec le reste de la marinade.

5 Réduire l'intensité du barbecue à feu doux, fermer le couvercle et continuer la cuisson pendant 5 minutes, jusqu'à ce que le poulet soit cuit et le fromage fondant. Faire griller les tranches de pain.

6 Servir les poitrines de poulet entre deux tranches de pain grillées, puis garnir de mayonnaise et de condiments au goût.

BURGERS AU TARTARE DE SAUMON EN ROBE DE PANKO

TEMPS DE PRÉPARATION
30 minutes
TEMPS DE CUISSON
15 minutes
COÛT
moyen
PORTIONS
2

TARTARE DE SAUMON AUX
CÂPRES ET AUX ÉCHALOTES
TEMPS DE PRÉPARATION
15 minutes
PORTIONS
4

INGRÉDIENTS

1 recette de tartare de saumon aux câpres et aux échalotes (recette ci-après)

1 blanc d'œuf

60 g (½ tasse) de panko (chapelure japonaise)

Assez d'huile végétale pour la friture

2 pains à hamburger

3 c. à soupe de mayonnaise maison ou du commerce

GARNITURES

2 cornichons, en fines tranches

½ avocat, en tranches

4 feuilles de laitue Boston

1 tomate, en tranches

TARTARE DE SAUMON AUX CÂPRES ET AUX ÉCHALOTES

1 filet de saumon frais de 240 g (8 oz)

4 tranches (75 g/2 ½ oz) de saumon fumé

2 c. à soupe de mayonnaise maison ou du commerce

2 c. à soupe de câpres, hachées

2 c. à soupe d'échalotes, hachées

1 c. à soupe de ciboulette fraîche, hachée

1 c. à soupe de persil frais, haché

½ c. à café (½ c. à thé) de poivre du moulin

2 c. à soupe de jus de citron

2 c. à soupe d'huile d'olive

PRÉPARATION

1 Dans un bol, mélanger le tartare de saumon avec le blanc d'œuf. Étaler le panko dans une assiette.

2 Façonner une croquette avec une demi-tasse de la préparation, puis la passer dans le panko. Réserver au réfrigérateur. Faire une deuxième croquette de la même façon.

3 Chauffer l'huile à 180 °C (350 °F) et cuire les croquettes 2 minutes de chaque côté. Égoutter sur du papier absorbant et réserver au chaud. Griller légèrement les pains, puis les tartiner de mayonnaise. Faire les burgers avec les croquettes et les garnitures.

TARTARE DE SAUMON AUX CÂPRES ET AUX ÉCHALOTES

1 Couper le filet de saumon et les tranches de saumon fumé en petits cubes. Ajouter tous les autres ingrédients et mélanger délicatement. Réserver au réfrigérateur 10 minutes pour laisser les saveurs se mélanger.

Pour un tartare 911 explosif et bien relevé, allez-y sans gêne et ajoutez au moins ½ à 1 c. à thé comble de sambal oelek (pâte de piment). Quelques gouttes de tabasco vert donneraient aussi de la vivacité à ce fabuleux mélange.

TEMPS DE PRÉPARATION
15 minutes
TEMPS DE CUISSON
environ 15 minutes
COÛT
moyen
PORTIONS
4

GRILLED CHEESE BURGERS AU BRIE ET AU BACON FAÇON TARTARE

INGRÉDIENTS

2 à 3 c. à soupe d'épices pour bifteck

16 demi-pains minces Thintini D'Italiano

6 c. à soupe de beurre ou de margarine, au goût

10 tranches de bacon ou de pancetta, croustillantes

4 belles tranches épaisses de fromage Sœur Angèle

GARNITURES

Tranches de pickle

Fines tranches de tomate fraîche

Feuilles de laitue frisée

Ketchup

Mayonnaise

Moutarde douce ou de Dijon

Frites croustillantes (facultatif)

BŒUF TARTARE

750 g (1 ½ lb) de bœuf haché mi-maigre

3 gousses d'ail, fraîchement pressées

3 c. à soupe de petites câpres, hachées finement

3 c. à soupe d'oignons rouges, hachés finement

Quelques gouttes de tabasco, au goût

Sel et poivre du moulin, au goût

3 c. à soupe de Dijon

3 c. à soupe de persil plat frais, haché

1 c. à soupe de sauce Worcestershire

2 jaunes d'œufs

1 c. à soupe de pâte de tomates aux fines herbes

184
185

PRÉPARATION

1 Préchauffer le barbecue à forte intensité.

2 Dans un grand bol, mélanger intimement le bœuf haché avec tous les ingrédients qui composent le bœuf tartare.

3 Séparer ce mélange en quatre portions et confectionner de belles galettes de même grosseur.

4 Huiler les grilles du barbecue, baisser la température à intensité moyenne et mettre les galettes sur les grilles.

5 Saupoudrer les galettes avec les épices et cuire de 7 à 8 minutes de chaque côté. (La viande doit être bien cuite et le jus qui sort des galettes ne doit pas être saignant lorsqu'on appuie sur celles-ci.)

6 Pendant ce temps, beurrer légèrement l'intérieur et l'extérieur des pains. Garnir de bacon et de fromage. Couvrir avec le pain restant. Griller dans une poêle à frire ou sur le barbecue en pressant légèrement sur le dessus pour faire des grilled cheese minces et dorés.

7 Déposer une galette viande sur un grilled cheese et couvrir de garnitures au choix. Couvrir avec un autre grilled cheese et servir immédiatement.

TEMPS DE PRÉPARATION
10 minutes
TEMPS DE CUISSON
10 à 15 minutes
COÛT
moyen
PORTIONS
2

BURGERS AUX CHAMPIGNONS ET AU FETA DE CHÈVRE

INGRÉDIENTS

240 g (8 oz) de bœuf haché mi-maigre

2 c. à soupe de beurre ou d'huile végétale

125 g (½ tasse) de champignons mélangés (de Paris, shiitake et pleurotes), émincés finement

Sel et poivre du moulin, au goût

½ oignon rouge, émincé

2 c. à soupe de mayonnaise

1 c. à soupe de ciboulette fraîche, hachée finement

2 pains à hamburger au sésame ultra-moelleux

120 g (¼ lb) de feta de chèvre, en fines tranches

Quelques feuilles de laitue Boston et de roquette

PRÉPARATION

1 Façonner deux galettes de même grosseur avec le bœuf haché.

2 Préchauffer le barbecue à intensité moyenne.

3 Sur la grille du barbecue légèrement huilée, cuire les galettes environ 8 minutes de chaque côté, jusqu'à ce que la viande soit bien cuite.

4 Pendant ce temps, faire fondre le beurre dans une poêle. Cuire les champignons à feu moyen-vif de 3 à 5 minutes et assaisonner au goût. Réserver. Cuire les oignons dans la même poêle et réserver.

5 Dans un bol, mélanger la mayonnaise, la ciboulette, du sel et du poivre. Réserver.

6 Chauffer les pains. Mettre le fromage sur les galettes de viande et chauffer 2 minutes. Servir dans les pains.

7 Garnir de laitue, de champignons, d'oignons et d'une bonne cuillerée de mayonnaise. Compléter le tout avec la roquette.

TEMPS DE PRÉPARATION
20 minutes
TEMPS DE CUISSON
aucun
COÛT
moyen-élevé
PORTIONS
6 à 8

SANDWICHES GOURMANDS EN PAIN DE MICHE AU TRIO DE FROMAGES

INGRÉDIENTS

1 belle grosse miche de pain

4 c. à soupe d'huile d'olive

3 poitrines de volaille, grillées et émincées finement

Sel et poivre du moulin

4 c. à soupe de mayonnaise au pesto de basilic (recette ci-après)

Quelques feuilles de basilic frais

3 tomates, en fines tranches

300 g (10 oz) de prosciutto, en fines tranches

200 g (7 oz) de cheddar mi-fort

200 g (7 oz) de mozzarella, en fines tranches

6 c. à soupe de tapenade d'olives

300 g (10 oz) de salami, en fines tranches

60 g (1 tasse) de fine roquette

200 g (7 oz) de fromage havarti, en fines tranches

MAYONNAISE AU PESTO DE BASILIC

250 ml (1 tasse) de mayonnaise maison ou du commerce

1 c. à soupe de moutarde de Dijon

1 c. à soupe de pesto

1 c. à soupe de basilic frais, ciselé finement

2 c. à café (2 c. à thé) de jus de citron vert

1 c. à café (1 c. thé) de zeste de citron vert, râpé

1 gousse d'ail, fraîchement pressée

Sel et poivre du moulin, au goût

PRÉPARATION

1 À l'aide d'un couteau bien affûté, retirer le dessus de la miche de pain en un seul morceau et réserver.

2 À l'aide d'un couteau bien affûté et d'une cuillère, retirer délicatement la mie de pain et la découper en fines tranches sur le sens de la longueur. Réserver.

3 Badigeonner l'intérieur de la miche d'huile d'olive.

4 Couvrir le fond de la miche avec le poulet. Saler, poivrer et garnir avec 2 c. à soupe de mayonnaise au pesto et des feuilles de basilic. Couvrir avec une fine tranche de mie réservée.

5 Couvrir avec les tomates, ajouter la mayonnaise au pesto restante, saler et poivrer au goût.

6 Couvrir avec le prosciutto, le cheddar et la mozzarella. Presser délicatement et ajouter une autre tranche de mie.

7 Couvrir avec la tapenade, le salami, la roquette et le havarti. Remettre le dessus de la miche et presser délicatement. Laisser raffermir de 1 à 2 heures au réfrigérateur. Découper en pointes au moment de servir.

MAYONNAISE AU PESTO DE BASILIC

1 Fouetter tous les ingrédients dans un grand bol. Saler et poivrer au goût.

PRÉPARATION
20 minutes
CUISSON
3 minutes
COÛT
élevé
PORTIONS
4

CLUB SANDWICH AU CANARD CONFIT, AU CHÈVRE FRAIS, AUX POMMES ET AUX NOIX

INGRÉDIENTS

3 cuisses de canard confit, désossées et effilochées

½ pomme, pelée et coupée en petits dés

30 g (¼ tasse) de pacanes, grillées et hachées grossièrement

6 c. à soupe de mayonnaise

150 g (5 oz) de fromage de chèvre frais aux fines herbes

1 c. à soupe de moutarde de Dijon

½ c. à café (½ c. à thé) de thym frais ou séché

Sel et poivre du moulin, au goût

12 fines tranches de pain aux noix ou autre

60 g (1 tasse) de mesclun ou de roquette, au goût

2 tomates, en fines tranches

8 tranches de pancetta, grillées et croustillantes

PRÉPARATION

1 Faire chauffer la chair de canard 1 ou 2 minutes au micro-ondes pour la rendre plus moelleuse et malléable.

2 Dans un bol, mélanger la chair de canard, les pommes, les pacanes, la moitié de la mayonnaise, la moitié du fromage de chèvre, la moutarde, le thym, le sel et le poivre. Réserver.

3 Faire griller légèrement les tranches de pain. Couvrir 4 tranches de pain avec le fromage de chèvre restant. Garnir avec le mélange de canard et la roquette. Couvrir avec une autre tranche de pain. Garnir avec la mayonnaise restante, les tomates et la pancetta. Fermer les sandwiches avec une autre tranche de pain. Servir avec des frites maison au gras de canard.

TEMPS DE PRÉPARATION
15 minutes
TEMPS DE CUISSON
10 minutes
COÛT
moyen
PORTIONS
2

GRILLED CHEESE AU CHÈVRE DOUX, AUX TOMATES SÉCHÉES ET À LA BRUSCHETTA DE TOMATES FRAÎCHES AUX HERBES

192
193

INGRÉDIENTS

2 fougasses aux olives, coupées en deux

6 à 8 c. à soupe de fromage de chèvre frais

8 tomates séchées dans l'huile, épongées

1 petit panier de tomates italiennes miniatures, coupées en deux et épépinées

60 ml (¼ tasse) d'huile d'olive (la meilleure qualité possible)

1 c. à café (1 c. à thé) de réduction ou de sirop de vinaigre balsamique

1 échalote, ciselée finement

1 c. à soupe de basilic frais, haché

1 c. à soupe de ciboulette fraîche, hachée

1 c. à soupe de menthe fraîche, hachée

Fleur de sel et poivre du moulin au goût

PRÉPARATION

1 Dans un bol, mélanger tous les ingrédients qui composent la bruschetta et assaisonner au goût. Laisser macérer 15 minutes. Réserver.

2 Ouvrir les fougasses en deux. Étendre du fromage de chèvre sur la partie inférieure et supérieure du pain. Ajouter les tomates séchées et la bruschetta légèrement égouttée. Refermer. Badigeonner l'extérieur des fougasses avec le restant d'huile de la bruschetta.

3 Cuire dans une poêle pendant 5 minutes. Retourner et cuire 5 minutes de plus. Servir avec une salade de roquette au parmesan.

TEMPS DE PRÉPARATION
20 minutes

TEMPS DE CUISSON
30 minutes

COÛT
moyen

PORTIONS
4

SAUCE BÉARNAISE VITE FAITE

TEMPS DE PRÉPARATION
5 minutes

TEMPS DE CUISSON
6 à 8 minutes

PORTIONS
4

JULIENNE D'OIGNONS FRITS

TEMPS DE PRÉPARATION
5 minutes

TEMPS DE CUISSON
5 à 10 minutes

PORTIONS
2

HAMBURGER STEAK, SAUCE BÉARNAISE ET JULIENNE D'OIGNONS FRITS

INGRÉDIENTS

480 g (1 lb) de viande hachée

1 échalote, hachée finement

1 petit oignon, en petits cubes

1 œuf

1 c. à soupe de moutarde de Dijon

60 ml (¼ tasse) de lait

30 g (¼ tasse) de chapelure à l'italienne

30 g (¼ tasse) de parmesan, fraîche-ment râpé

½ c. à café (½ c. à thé) de sel et de poivre

1 c. à café (1 c. à thé) de beurre

1 c. à café (1 c. à thé) d'huile végétale

250 ml (1 tasse) de sauce béarnaise vite faite (recette ci-après)

250 ml (1 tasse) de julienne d'oignons frits (recette ci-après)

SAUCE BÉARNAISE VITE FAITE

120 g (½ tasse) de beurre froid

2 jaunes d'œufs

Le jus d'un citron

1 c. à café (1 c. à thé) d'estragon séché

½ c. à café (½ c. à thé) de sel et de poivre

JULIENNE D'OIGNONS FRITS

1 oignon, coupé en julienne à la mandoline

PÂTE TEMPURA

30 g (¼ tasse) de fécule de maïs

150 g (1 tasse) de farine

1 c. à café (1 c. à thé) de levure chimique (poudre à pâte)

Une pincée de sel

250 ml (1 tasse) d'eau glacée

Assez d'huile végétale pour la friture

194 — 195

PRÉPARATION

1 Dans un grand bol, mettre la viande, les échalotes et les oignons. Mélanger l'œuf, la moutarde et le lait dans un autre bol. Verser le contenu du deuxième bol dans le premier et bien mélanger avec les mains. Ajouter la chapelure et le parmesan, puis assaisonner au goût. Bien mélanger avec les mains. Diviser la viande en quatre portions égales et former des galettes.

2 Faire fondre le beurre et l'huile dans une poêle. Saisir les galettes de 2 à 3 minutes de chaque côté. Terminer la cuisson au four à 180 °C (350 °F) pendant 10 minutes. Dresser les galettes dans une assiette. Napper de sauce béarnaise et garnir de julienne d'oignons frits.

SAUCE BÉARNAISE VITE FAITE

1 Mettre tous les ingrédients dans une casserole à fond épais. Cuire à feu moyen en remuant continuellement à l'aide d'un fouet (il est très important de ne pas faire bouillir).

JULIENNE D'OIGNONS FRITS ET PÂTE TEMPURA

1 Dans un bol, mélanger tous les ingrédients secs de la pâte tem-pura. Ajouter l'eau glacée d'un coup. Mélanger délicatement à l'aide d'une fourchette (la pâte doit avoir des grumeaux ; ne pas trop mélanger). Réserver. Tremper la julienne d'oignons dans la pâte (secouer le surplus). Cuire à grande friture.

Faites la pâte tempura au dernier moment afin qu'elle reste très froide et vous obtiendrez infailliblement des aliments extrêmement croustillants.

TEMPS DE PRÉPARATION
15 minutes
TEMPS DE CUISSON
10 à 15 minutes
COÛT
moyen
PORTIONS
4

MAYONNAISE À L'AVOCAT
TEMPS DE PRÉPARATION
5 minutes
PORTIONS
4

BURGERS DE POULET TEX-MEX, PANURE CROUSTILLANTE ÉPICÉE, SALSA DE MAÏS GRILLÉ ET MAYO À L'AVOCAT

INGRÉDIENTS

60 g (½ tasse) de panko (chapelure japonaise)

1 c. à soupe d'assaisonnement au chili

1 œuf

1 c. à soupe d'eau

4 pains à hamburger

4 feuilles de laitue

60 ml (¼ tasse) de mayonnaise à l'avocat (recette ci-après)

125 ml (½ tasse) de salsa de maïs grillé (recette ci-après)

1 oignon rouge, en fines tranches

GALETTES DE POULET

480 g (1 lb) de poulet, haché

1 oignon vert, ciselé

½ c. à café (½ c. à thé) de piment vert piquant, en brunoise

60 ml (¼ tasse) de salsa aux tomates

30 g (¼ tasse) de cheddar, râpé

40 g (⅓ tasse) de chapelure maison

1 c. à soupe de coriandre fraîche, hachée

Assez d'huile végétale pour la friture

196 — 197

SALSA DE MAÏS GRILLÉ

200 g (1 tasse) de grains de maïs

1 c. à café (1 c. à thé) d'huile végétale

½ c. à café (½ c. à thé) de paprika fumé

2 tomates, épépinées et coupées en petits cubes

1 c. à soupe de ciboulette fraîche, ciselée

1 c. à soupe d'huile d'olive

1 c. à café (1 c. à thé) de vinaigre de xérès

Sel et poivre au goût

MAYONNAISE À L'AVOCAT

1 avocat bien mûr

Le jus de ½ citron

80 ml (⅓ tasse) de mayonnaise maison ou du commerce

1 c. à soupe d'huile d'olive

1 c. à soupe de ciboulette fraîche, hachée

Fleur de sel et poivre du moulin

PRÉPARATION

1 Dans un bol, mélanger tous les ingrédients pour faire les galettes de poulet. Couvrir et réfrigérer pendant 1 heure.

2 Mélanger ensemble le panko et l'assaisonnement au chili dans un bol et réserver. Mélanger l'œuf et l'eau dans un autre bol et réserver.

3 Diviser la volaille en quatre portions de même grosseur et faire des galettes. Tremper chaque galette dans l'œuf, puis la passer dans le panko.

4 Chauffer l'huile à 180 °C (350 °F) et cuire à grande friture de 3 à 5 minutes en retournant une fois à mi-cuisson. Égoutter sur du papier absorbant.

5 Garnir chaque pain de laitue, de mayonnaise à l'avocat, d'une galette de poulet croustillant, de salsa de maïs et d'une tranche d'oignon rouge.

SALSA DE MAÏS GRILLÉ

1 Mélanger le maïs, l'huile et le paprika. Étaler sur une plaque de cuisson. Cuire à *broil* jusqu'à belle coloration et réserver.

2 Dans un bol, mélanger le maïs et tous les autres ingrédients. Rectifier l'assaisonnement.

MAYONNAISE À L'AVOCAT

1 Dans une assiette, écraser l'avocat à l'aide d'une fourchette et arroser avec le jus de citron.

2 Dans un bol, mélanger l'avocat, la mayonnaise, l'huile et la ciboulette. Assaisonner au goût.

DÉBAUCHES ET GOURMANDISES

Les desserts

TEMPS DE PRÉPARATION
15 minutes
TEMPS DE CUISSON
20 minutes
COÛT
moyen
PORTIONS
2

NAPOLÉON DE PAIN BRIOCHÉ TRUFFÉ AU CHOCOLAT, PUNCHÉ AUX CERISES ET AU PORTO

INGRÉDIENTS

1 boîte de 398 ml (14 oz) de cerises
   Bing, avec leur jus

2 c. à soupe de confiture de
   framboise

1 c. à soupe de gingembre,
   fraîchement râpé

250 ml (1 tasse) de porto au choix

80 ml (⅓ tasse) de crème 35 %

90 g (3 oz) de chocolat 70 %, en
   morceaux

1 c. à soupe de beurre non salé

6 tranches fines de pain brioché

Crème fouettée pour garnir

PRÉPARATION

1 Dans une casserole à fond épais, mélanger les cerises et leur jus, la confiture, le gingembre et le porto. Amener à frémissement et laisser réduire 5 minutes. Retirer les cerises de la casserole et réserver. Poursuivre la réduction du sirop une quinzaine minutes à feu moyen-élevé. Retirer du feu et laisser refroidir à température ambiante.

2 Dans une petite casserole à fond épais, chauffer la crème 35 % jusqu'à frémissement. Retirer du feu, incorporer le chocolat et mélanger délicatement jusqu'à ce qu'il soit parfaitement amalgamé. Ajouter le beurre et mélanger délicatement jusqu'à consistance lisse. Réserver.

3 Pendant ce temps, à l'aide d'un emporte-pièce d'environ 6 cm (2 ½ po) de diamètre, découper des cercles dans les tranches de pain brioché. À l'aide d'un pinceau à pâtisserie, puncher (imbiber) généreusement les cercles de pain avec le sirop de cuisson des cerises. Réserver.

4 Monter le napoléon en couvrant chaque tranche de pain d'une généreuse couche de mélange au chocolat fondu et de quelques cerises. Répéter l'opération deux fois en garnissant le dessus et les côtés de chaque étage d'une généreuse couche de chocolat bien lisse.

5 Dresser chaque napoléon dans une grande assiette et décorer avec le coulis de cerises restant.

6 Garnir de crème fouettée, au goût.

204
—
205

TEMPS DE PRÉPARATION
20 minutes

TEMPS DE CUISSON
10 à 15 minutes

COÛT
faible

PORTIONS
2

BANANE SPLIT FRIT AU CARAMEL DE SÉSAME ET AUX ARACHIDES RÔTIES

INGRÉDIENTS

30 g (¼ tasse) d'arachides écalées et sans peau

50 g (¼ tasse) de fraises fraîches, émincées

1 c. à soupe de sucre

Assez d'huile végétale pour la friture

1 recette de caramel à la fleur de sel (recette page 133)

1 c. à soupe de graines de sésame

1 recette de pâte tempura (recette ci-après)

2 bananes, coupées en deux

4 boules de crème glacée à la vanille

PÂTE TEMPURA

30 g (¼ tasse) de fécule de maïs

150 g (1 tasse) de farine

1 c. à café (1 c. à thé) de levure chimique (poudre à pâte)

Une pincée de sel

250 ml (1 tasse) d'eau glacée

PRÉPARATION

1 Étaler les arachides sur une plaque à biscuits. Rôtir au four à 200 °C (400 °F) de 5 à 10 minutes, jusqu'à ce qu'elles aient une belle coloration.

2 Dans un bol, mélanger les fraises et le sucre. Réserver.

3 Préparer la pâte tempura.

4 Préchauffer la friteuse à 160 °C (325 °F). Mélanger le caramel et les graines de sésame. Réserver. Tremper les morceaux de banane dans la pâte tempura et les plonger dans l'huile. Cuire à grande friture pendant 5 minutes. Égoutter sur du papier absorbant.

5 Servir dans une assiette creuse et garnir de crème glacée. Arroser de caramel et garnir de fraises dans leur jus.

PÂTE TEMPURA

1 Dans un bol, mélanger tous les ingrédients secs de la pâte tempura. Ajouter l'eau glacée d'un coup. Mélanger délicatement à l'aide d'une fourchette (la pâte doit avoir des grumeaux ; ne pas trop mélanger) et réserver.

Avouons-le, le banane split n'a pas toujours été à la hauteur de sa supposée décadence. Sans prétention, j'ai eu envie de donner un peu de oummmfffff à ce vieux classique surfait. Mi-chaud, mi-froid, mi-américain, mi-asiatique, moelleux et croustillant, j'espère que celui-ci passera à la légende.

TEMPS DE PRÉPARATION
20 minutes
TEMPS DE CUISSON
5 à 10 minutes (chocolat)
TEMPS DE REFROIDISSEMENT
4 heures
COÛT
faible
PORTIONS
12

208
209

INGRÉDIENTS

180 g (1 ½ tasse) de chapelure de biscuits Graham

1 paquet de 250 g (8 oz) de fromage à la crème, ramolli

225 g (1 ½ tasse) de sucre glace

60 g (¼ tasse) de beurre, fondu

1 c. à soupe de jus de citron

1 c. à café (1 c. à thé) d'extrait de vanille

120 g (1 tasse) de brisures de caramel au beurre

9 biscuits Graham

240 g (½ lb) de chocolat semi-sucré, haché

4 c. à soupe de crème 35 %

PRÉPARATION

1 Beurrer légèrement un moule carré de 20 cm (8 po) et le foncer d'une feuille de papier d'aluminium en la laissant dépasser d'environ 5 cm (2 po) de chaque côté.

2 À l'aide du robot culinaire, bien amalgamer la chapelure, le fromage, le sucre glace, le beurre, le jus de citron et la vanille.

3 Étaler la préparation dans le moule. Répartir les brisures de caramel sur le dessus et bien les faire pénétrer dans la pâte en les pressant avec le dos d'une cuillère ou avec les doigts. Recouvrir d'un étage de biscuits Graham et les presser légèrement dans la pâte.

4 Faire fondre le chocolat avec la crème au bain-marie de 5 à 10 minutes, jusqu'à consistance lisse, et étendre uniformément sur la préparation. Réfrigérer pendant 4 heures. Soulever à l'aide du papier d'aluminium, découper en carrés et servir froid.

TEMPS DE PRÉPARATION
10 minutes
CUISSON
2 minutes
COÛT
moyen
PORTIONS
10

QUEUES DE CASTOR MAISON

INGRÉDIENTS

75 g (½ tasse) de farine tout usage

75 g (½ tasse) de farine de blé entier

250 ml (1 tasse) d'eau tiède

½ c. à café (½ c. à thé) de levure active

2 pincées de sel

1 c. à café (1 c. à thé) de vanille

Une pincée de cannelle moulue

2 c. à soupe de sucre

Environ 125 ml (½ tasse) d'huile végétale

Environ 150 g (1 tasse) de farine tout usage (pour la suite)

Huile végétale pour la friture

GARNITURES AU CHOIX

Mélange de gros sucre et de cannelle moulue

Nutella, etc.

Beurre d'érable fondant

PRÉPARATION

1   Dans un grand bol, mélanger intimement tous les ingrédients, sauf la dernière quantité de farine tout usage et l'huile pour friture.

2   Ajouter de la farine, peu à la fois, jusqu'à ce que la pâte ne colle plus aux mains. Couvrir de pellicule plastique et laisser lever la pâte de 4 à 5 heures (ou toute la nuit si désiré) dans le four fermé, lumière allumée.

3   Séparer la pâte en 10 portions, former des petites boules et les étirer en leur donnant la forme d'une queue de castor.

4   Couvrir le fond d'une poêle à frire avec 2,5 cm (1 po) d'huile végétale. Chauffer à 180 °C (350 °F) et frire chaque queue de castor de 30 à 60 secondes de chaque côté.

5   Rouler les queues de castor dans le mélange de sucre et de cannelle ou garnir de Nutella ou de beurre d'érable fondant.

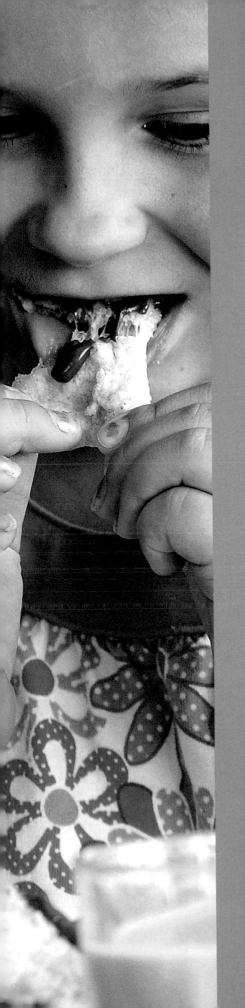

TARTE MOELLEUSE À LA CRÈME D'ÉRABLE

TEMPS DE PRÉPARATION
20 minutes
TEMPS DE CUISSON
25 minutes
TEMPS DE REFROIDISSEMENT
3 h 30
COÛT
moyen
PORTIONS
6 à 8

INGRÉDIENTS

30 g (¼ tasse) de fécule de maïs

625 ml (2 ½ tasses) de babeurre

6 gros jaunes d'œufs

375 ml (1 ½ tasse) de sirop d'érable

80 g (⅓ tasse) de beurre demi-sel, en morceaux

Croûte aux noix de Grenoble (recette ci-après)

1 cube de sucre d'érable d'environ 4 cm (1 ½ po)

CROÛTE AUX NOIX DE GRENOBLE

240 g (2 tasses) de noix de Grenoble, en morceaux

4 c. à soupe de sucre granulé

2 c. à soupe de beurre demi-sel, fondu

PRÉPARATION

1 Dans un petit bol, délayer la fécule de maïs avec environ 60 ml (¼ tasse) de babeurre. Mettre les jaunes d'œufs dans un bol moyen et fouetter légèrement.

2 Verser le sirop d'érable dans une casserole moyenne à fond épais. Porter à ébullition à feu moyen-élevé et laisser bouillir 2 minutes. Retirer la casserole du feu et ajouter graduellement le babeurre restant tout en remuant à l'aide d'un fouet. Sans cesser de remuer, ajouter la fécule de maïs diluée. Verser graduellement la préparation sur les œufs tout en mélangeant au fouet, puis la remettre dans la casserole.

3 Remettre la casserole à feu moyen et cuire en remuant à l'aide d'une cuillère de bois jusqu'aux premiers bouillons. Mélanger vigoureusement et gratter les recoins de la casserole lorsque la crème épaissit pour éviter la formation de grumeaux. Laisser mijoter 1 minute sans cesser de remuer. Retirer du feu, ajouter les morceaux de beurre et mélanger jusqu'à ce qu'ils soient parfaitement amalgamés.

4 Verser aussitôt la crème dans la croûte de tarte refroidie. Poser une pellicule plastique directement sur la crème et réfrigérer de 3 à 24 heures.

5 Préchauffer le gril et sortir la tarte du réfrigérateur. À l'aide d'une râpe fine, râper une bonne couche de sucre d'érable directement sur la tarte. Mettre la tarte sur la grille du haut (le dessus doit être à environ 5 cm/2 po du gril) et faire griller de 2 à 3 minutes, jusqu'à ce que le sucre d'érable soit bouillonnant et coloré. Retirer la tarte du four et servir sans attendre.

CROÛTE AUX NOIX DE GRENOBLE

1 Préchauffer le four à 200 °C (400 °F). Hacher les noix et le sucre granulé dans le robot culinaire. Ajouter le beurre fondu et réduire quelques secondes de plus pour bien l'intégrer.

2 Presser le mélange dans un moule à tarte de 23 cm (9 po), en verre de préférence. Cuire sur la grille inférieure du four de 9 à 10 minutes, jusqu'à ce que le bord de la croûte soit coloré. Laisser refroidir.

TEMPS DE PRÉPARATION
15 minutes
TEMPS DE CUISSON
45 minutes
COÛT
faible
PORTIONS
6 à 8

TARTE AU SUCRE CROQUANTE ET CRAQUANTE

INGRÉDIENTS

1 abaisse de pâte à tarte
4 c. à soupe de beurre, mou
720 g (3 tasses) de cassonade
60 ml (¼ tasse) de sirop d'érable
45 g (½ tasse) de flocons d'avoine
60 g (½ tasse) de pacanes, broyées
  grossièrement
175 ml (¾ tasse) de crème 35 %

PRÉPARATION

1 Préchauffer le four à 180 °C (350 °F).

2 Beurrer et fariner un moule à tarte ou à quiche. Couvrir avec l'abaisse. À l'aide d'une fourchette, piquer la pâte ici et là.

3 Dans un bol, fouetter tous les autres ingrédients et verser dans l'abaisse. Cuire au centre du four pendant 45 minutes

4 Servir la tarte tiède, accompagnée de crème glacée à la vanille.

TARTE BANANES, CHOCO ET DULCE DE LECHE

TEMPS DE PRÉPARATION
40 minutes
TEMPS DE CUISSON
10 minutes
TEMPS DE REFROIDISSEMENT
2 h 30 (30 minutes + 2 heures)
COÛT
moyen
PORTIONS
8

INGRÉDIENTS

180 g (1 ½ tasse) de chapelure de biscuits au chocolat (Oreo)

80 g (⅓ tasse) de beurre, fondu

100 g (3 ½ oz) de chocolat semi-sucré, haché

125 ml (½ tasse) de crème 35 %

3 bananes moyennes, en morceaux d'environ 2 cm (¾ po) d'épaisseur

400 g (1 ½ tasse) de caramel «dulce de leche»

300 ml (1 ¼ tasse) de crème 35 % à fouetter

3 c. à soupe de sucre granulé

½ c. à café (½ c. à thé) d'extrait de vanille

Chocolat râpé ou vermicelles de chocolat

PRÉPARATION

1 Préchauffer le four à 180 °C (350 °F).

2 Bien mélanger la chapelure et le beurre et presser dans un moule à tarte de 23 cm (9 po). Cuire 10 minutes sur la grille du milieu.

3 Pendant ce temps, dans une petite casserole, faire fondre le chocolat avec la première quantité de crème jusqu'à consistance lisse.

4 Sortir le moule du four et y verser doucement le chocolat fondu. Réfrigérer 30 minutes.

5 Tapisser le fond de la tarte avec les morceaux de banane sans les superposer, puis napper avec le caramel.

6 Fouetter la crème jusqu'à ce qu'elle soit ferme. Ajouter le sucre et la vanille et mélanger. Répartir esthétiquement la crème fouettée sur la tarte en en mettant davantage au centre que sur les côtés pour créer un effet de hauteur. Garnir de chocolat râpé. Réfrigérer 2 heures. Servir froid.

TEMPS DE PRÉPARATION
15 minutes
TEMPS DE CUISSON
5 minutes
COÛT
moyen
PORTIONS
4

GRATINÉ DE FRUITS FRAIS AU CHOCOLAT-NOUGAT

INGRÉDIENTS

2 c. à soupe de beurre

150 g (5 oz) de chocolat Toblerone, haché

6 c. à soupe de crème 35 %

1 banane, en rondelles

½ mangue, en dés

1 poire Bosc, pelée et coupée en fins quartiers

250 ml (1 tasse) de crème anglaise maison ou du commerce

4 c. à soupe de cassonade

PRÉPARATION

1 Au micro-ondes ou au bain-marie, faire fondre le beurre et le chocolat dans la crème jusqu'à l'obtention d'une consistance onctueuse. Verser dans quatre plats à terrine ou dans une assiette à quiche.

2 Garnir de fruits frais pêle-mêle et couvrir de crème anglaise. Saupoudrer légèrement de cassonade et passer sous le gril à *broil* pendant 5 minutes pour gratiner un peu. Servir chaud, accompagné d'une glace à la vanille.

TEMPS DE PRÉPARATION
20 minutes

TEMPS DE CUISSON
35 à 40 minutes

COÛT
faible

PORTIONS
4 à 6

PETITS GÂTEAUX MOELLEUX AUX NOISETTES, CŒUR AU CHOCOLAT NOIR

INGRÉDIENTS

80 ml (⅓ tasse) d'eau

80 g (⅓ tasse) de sucre

6 blancs d'œufs

½ c. à café (½ c. à thé) d'essence de vanille

120 g (1 tasse) de poudre de noisette

30 g (¼ tasse) de poudre d'amande

120 g (½ tasse) de sucre en poudre

60 g (¼ tasse) de beurre

6 morceaux de chocolat noir

PRÉPARATION

1 Préchauffer le four à 120 °C (250 °F). Beurrer un moule à muffins et réserver.

2 Dans une casserole à fond épais, porter l'eau et le sucre à ébullition. Cuire jusqu'à 120 °C (250 °F) sur un thermomètre à bonbons (c'est le sirop pour une meringue italienne).

3 À l'aide d'un batteur sur socle, monter les blancs d'œufs en neige ferme. Ajouter le sirop de sucre en filet et fouetter à haute vitesse. Ajouter la vanille et continuer de mélanger à vitesse moyenne pour refroidir la préparation.

4 Transvider dans un bol. Ajouter la poudre de noisette, la poudre d'amande et le sucre en poudre.

5 Fondre le beurre dans une casserole et faire mousser jusqu'à couleur noisette. Bien mélanger avec le mélange de blancs d'œufs. Verser la moitié de la préparation dans les moules à muffins. Mettre un morceau de chocolat noir sur chaque gâteau. Ajouter le reste de la pâte.

6 Cuire au four de 30 à 35 minutes. Laisser refroidir, démouler et servir.

TEMPS DE PRÉPARATION
20 minutes
TEMPS DE CUISSON
20 minutes
COÛT
moyen
PORTIONS
6 à 8

MOUSSE AU CHOCOLAT 70 % ET CRÈME ÉPAISSE À LA CANNELLE

INGRÉDIENTS

400 g (14 oz) de chocolat 70 %

120 g (½ tasse) de beurre

10 blancs d'œufs

120 g (½ tasse) de sucre

1 goutte de vanille

Une pincée de muscade moulue

500 g (environ 2 tasses) de crème épaisse à la cannelle (recette ci-après)

CRÈME ÉPAISSE À LA CANNELLE

400 g (environ 2 tasses) de crème épaisse Liberté

1 à 2 c. à soupe de cannelle moulue

1 c. à soupe de miel

PRÉPARATION

1 Faire fondre le chocolat au bain-marie à feu très doux. Dès qu'il commence à fondre, remuer doucement à l'aide d'une spatule. Dès qu'il est complètement fondu, ajouter le beurre et bien mélanger. Retirer du feu et réserver.

2 Dans un grand bol, monter les blancs d'œufs en neige à l'aide du batteur électrique. À mi-chemin, ajouter le sucre et la vanille et continuer de fouetter jusqu'à ce que les blancs forment des pics. Ajouter un peu de blancs au mélange de chocolat pour l'alléger ainsi que la muscade. Incorporer le chocolat aux blancs d'œufs en pliant délicatement. Verser dans des petits pots et laisser reposer 2 heures au réfrigérateur. Servir avec un peu de crème épaisse à la cannelle.

CRÈME ÉPAISSE À LA CANNELLE

1 Mélanger tous les ingrédients et rectifier le goût au besoin.

224
225

TEMPS DE PRÉPARATION
10 minutes
TEMPS DE CUISSON
15 minutes
COÛT
faible
PORTIONS
6

POTS DE CRÈME AU CARAMEL À LA FLEUR DE SEL

INGRÉDIENTS

250 ml (1 tasse) de crème 35 %

250 ml (1 tasse) de lait

1 gousse de vanille, fendue en deux et vidée

6 jaunes d'œufs

3 c. à soupe de sucre

2 c. à soupe de fécule de maïs diluée dans 1 c. à soupe de lait

6 c. à soupe de caramel à la fleur de sel (recette page 133)

PRÉPARATION

1 Dans une casserole, chauffer la crème, le lait et les graines de vanille à feu moyen sans faire bouillir.

2 Dans un cul-de-poule, fouetter les jaunes d'œufs et le sucre jusqu'à ce que la préparation commence à blanchir et que le sucre soit complètement dissous.

3 Ajouter le mélange d'œufs au mélange de crème. Bien mélanger à l'aide d'un fouet. Chauffer de 5 à 6 minutes à feu doux en remuant sans cesse. Ajouter la fécule de maïs et bien mélanger environ 1 minute, jusqu'à consistance lisse et crémeuse. Passer au tamis, couvrir et laisser refroidir au réfrigérateur.

4 Fouetter la préparation à l'aide du batteur électrique jusqu'à formation de pics. Dans 6 petits pots, verser la crème, puis une cuillerée de caramel.

226 — 227

TARTELETTES DE MASCARPONE MARBRÉ AU CHOCOLAT

INGRÉDIENTS

120 g (4 oz) de chocolat noir ou semi-sucré, haché finement

6 c. à soupe de crème 35 %

½ c. à café (½ c. à thé) d'extrait de vanille

1 gros jaune d'œuf

4 c. à soupe de fromage mascarpone

2 c. à soupe de tartinade aux noisettes (ex.: Nutella)

CROÛTE AUX NOIX DE GRENOBLE

2 c. à soupe de noix de Grenoble, en morceaux

3 c. à soupe de cassonade dorée, bien tassée

7 c. à soupe de farine non blanchie

Une pincée de sel

2 c. à soupe de beurre froid, en petits dés

1 gros jaune d'œuf

1 c. à soupe d'eau

1 c. à café (1 c. à thé) d'essence de vanille

PRÉPARATION

1 Préchauffer le four à 180 °C (350 °F).

2 Presser la croûte aux noix de Grenoble dans le fond et sur les côtés de deux moules à tartelettes de 10 cm (4 po). Piquer le fond avec une fourchette et cuire au four 10 minutes. Retirer du four et baisser la température à 160 °C (325 °F).

3 Mettre le chocolat dans un bol. Dans une petite casserole, porter la crème presque à ébullition à feu moyen et la verser sur le chocolat. Laisser reposer 2 minutes, puis bien mélanger à l'aide d'un fouet. Ajouter la vanille et le jaune d'œuf et bien mélanger.

4 Verser dans les croûtes et cuire sur la grille du bas pendant 9 minutes. Retirer du four et laisser refroidir 30 minutes.

5 Dans un bol, mélanger légèrement le mascarpone et la tartinade aux noisettes pour créer un effet marbré. Garnir chaque tartelette d'une grosse cuillerée du mélange et réfrigérer au moins 2 heures.

6 Sortir les tartelettes du réfrigérateur 20 minutes avant de servir.

CROÛTE AUX NOIX DE GRENOBLE

1 Pulvériser les noix, la cassonade, la farine et le sel pendant 20 secondes à l'aide du robot culinaire. Ajouter le beurre et mélanger 5 secondes. Ajouter le jaune d'œuf, l'eau et la vanille et mélanger 5 secondes de plus. Façonner une belle boule à la main et réfrigérer pendant 30 minutes.

TEMPS DE PRÉPARATION
15 minutes

TEMPS DE CUISSON
20 minutes

TEMPS DE RÉFRIGÉRATION
2 heures

COÛT
moyen

RENDEMENT
36 carrés d'environ 4 cm (1 ½ po)

BROWNIES AU TOFFEY ET AU CHOCOLAT NOIR ET BLANC

INGRÉDIENTS

250 g (8 oz) de chocolat noir
semi-sucré, haché

150 g (5 oz) de beurre, en morceaux

150 g (5 oz) de sucre glace

3 œufs, battus

1 pincée de sel

Le zeste d'une orange, râpé et
blanchi

60 g (½ tasse) de pacanes, hachées
grossièrement

125 ml (½ tasse) de brisures de
chocolat blanc

Une dizaine de toffys, coupés en
petits dés

40 g (¼ tasse) de farine, tamisée

PRÉPARATION

1 Préchauffer le four à 180 °C (350 °F).

2 Beurrer un moule de 23 x 23 cm (9 x 9 po).

3 Dans une casserole, faire fondre le chocolat noir et le beurre à feu doux. Lorsque le chocolat est fondu, retirer la casserole du feu.

4 Incorporer le sucre glace, puis les œufs battus. Ajouter le reste des ingrédients et bien mélanger.

5 Verser dans le moule et cuire au four 15 minutes. Laisser refroidir environ 30 minutes, puis réfrigérer au moins 2 heures. Démouler et découper en petits carrés.

TEMPS DE PRÉPARATION
15 minutes
TEMPS DE CUISSON
12 à 15 minutes
COÛT
moyen
PORTIONS
4

STRUDEL AUX BANANES, AU RHUM ET AU CHOCOLAT NOUGAT

INGRÉDIENTS

3 c. à soupe de rhum brun
3 c. à soupe de cassonade
4 feuilles de pâte phyllo
3 c. à soupe de beurre, fondu
4 bananes mûres
150 g (4 oz) de chocolat Toblerone, haché finement
1 œuf, battu
Sucre glace

PRÉPARATION

1 Préchauffer le four à 230 °C (450 °F). Couvrir une plaque à biscuits de papier parchemin.

2 Dans une petite casserole, faire fondre la cassonade dans le rhum et laisser réduire 2 minutes. Réserver.

3 Placer une feuille de pâte phyllo, le côté le plus large devant soi, et la badigeonner de beurre. Badigeonner ensuite avec le mélange de rhum et de cassonade. Superposer les autres feuilles de pâte en répétant l'opération.

4 Placer les 4 bananes sur le premier quart de la pâte, deux par deux, parallèles et face à soi, et garnir généreusement de chocolat haché.

5 Replier les côtés de la pâte vers le centre, sur les bananes, puis rouler la pâte.

6 Déposer sur la plaque à biscuits, badigeonner d'œuf battu et faire des incisions en diagonale tout le long du strudel à l'aide d'un couteau très coupant.

7 Cuire au four de 12 à 15 minutes, jusqu'à ce que le strudel soit doré. Laisser refroidir sur une grille et saupoudrer de sucre glace.

232
—
233

TEMPS DE PRÉPARATION
35 minutes
TEMPS DE CUISSON
20 minutes
TEMPS DE RÉFRIGÉRATION
4 heures
COÛT
élevé
PORTIONS
8 à 12

PAVÉS AU TOBLERONE ET AUX PETITS-BEURRE

INGRÉDIENTS

750 g (1 ½ lb) de chocolat Toblerone, haché

180 g (¾ tasse) de beurre non salé, en petits morceaux

330 ml (1 ⅓ tasse) de crème 35 %

60 biscuits petits-beurre

Lait

GANACHE

150 g (5 oz) de chocolat noir 70 %, haché

6 ½ c. à soupe de crème à cuisson 35 %

2 c. à soupe de beurre non salé

1 c. à soupe de miel clair

PRÉPARATION

1 Faire fondre le chocolat Toblerone et le beurre au bain-marie. Laisser refroidir à température ambiante.

2 Dans un bol, fouetter la crème jusqu'à ce qu'elle soit ferme. Ajouter le tiers de la crème au chocolat fondu refroidie et bien mélanger. Plier le reste de la crème au chocolat dans le mélange.

3 Tapisser l'intérieur d'un plat carré de 20 x 20 cm (8 x 8 po) de pellicule plastique en la laissant dépasser un peu à l'extérieur.

4 Tremper brièvement 12 petits-beurre des deux côtés dans le lait et tapisser le fond du moule sans les superposer. Étendre le quart de la mousse au Toblerone sur les biscuits.

5 Continuer d'alterner les étages de biscuits trempés dans le lait et de mousse au chocolat jusqu'à ce qu'il ne reste plus de mousse. Terminer par un étage de biscuits (on obtiendra 5 étages de biscuits et 4 étages de mousse). Recouvrir d'une pellicule plastique et réfrigérer au moins 3 heures.

6 Préparer la ganache : Mettre le chocolat dans un bol moyen. Dans une petite casserole, chauffer la crème, le beurre et miel à feu moyen presque au point d'ébullition.

7 Verser le liquide sur le chocolat. Laisser reposer 5 minutes, puis mélanger à l'aide d'un fouet jusqu'à l'obtention d'une texture très lisse. Laisser refroidir environ 1 heure, jusqu'à ce que la ganache soit suffisamment épaisse pour être tartinée.

8 Retirer le moule du réfrigérateur et démouler le gâteau dans une assiette (tirer délicatement sur la pellicule plastique pour se faciliter la tâche) ou, au besoin, tremper le moule dans l'eau chaude quelques secondes. Étendre la ganache sur le gâteau et réfrigérer 1 heure avant de découper en carrés. Servir frais.

REMERCIEMENTS

Merci à ma mère d'avoir émaillé mon enfance de délicieux et réconfortants souvenirs gourmands.

Merci à mes adorables petits loups, Édith et Émile, de me permettre de leur offrir à mon tour ce qui deviendra plus tard, je l'espère, leurs doux souvenirs gourmands.

Merci à ma blonde, ainsi qu'à mes amis, associés, employés et clients, de s'être prêtés au jeu de la caméra, le temps de quelques bouchées, d'avoir joué aux mannequins gourmands, sans inhibitions et avec beaucoup de talent.

Merci à Benoît Desjardins d'avoir su capter avec habileté et sensibilité la beauté de la lumière et des choses. Merci aussi pour le plaisir tout simple des fous rires partagés.

Merci à Mélanie Marchand pour sa fougue, son énergie, son talent et son immense sens de l'esthétisme et de la gourmandise.

Merci à toute l'équipe du *Là ! grill-lounge,* mon restaurant de Rosemère, d'avoir mis la main à la pâte pour la fabrication et la création de ce livre.

Merci à toute l'équipe des Éditions de l'Homme de m'avoir permis encore une fois de réaliser un autre de mes rêves. Merci de m'avoir accompagné dans ce projet avec autant de gentillesse et de fermeté... J'ai toujours besoin de l'une et de l'autre !

INDEX DES RECETTES

PLAISIRS
COUPABLES

SNACK.BAR.URBAIN

1410

Achevé d'imprimer au Canada

PLAISIRS
COUPABLES

SNACK.BAR.URBAIN